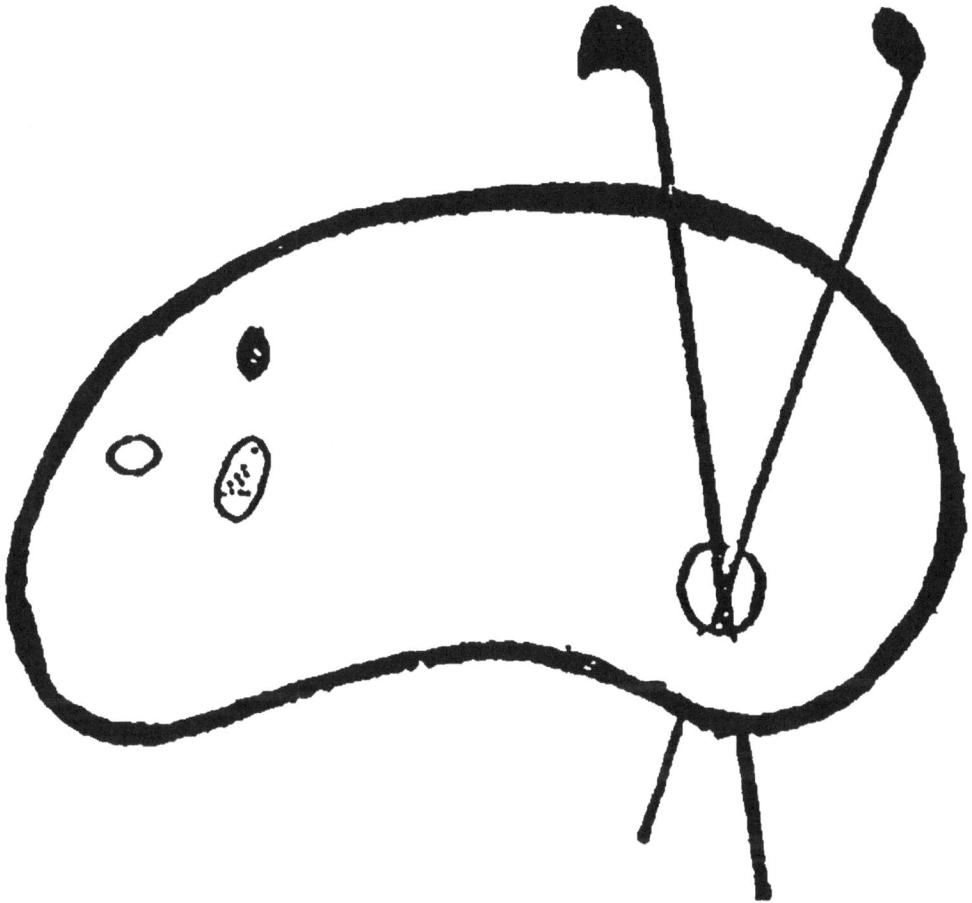

DEBUT D'UNE SERIE DE DOCUMENTS
EN COULEUR

DES PROJETS

DE

RÉFORME PÉNITENTIAIRE

ÉTUDE DU PROGRAMME

ET DES MOYENS DE MISE A EXÉCUTION

PAR

JULES LALOU

INSPECTEUR GÉNÉRAL DES PRISONS ET DES ÉTABLISSEMENTS PÉNITENTIAIRES

PARIS

BERGER-LEVRAULT ET Cⁱᵉ, LIBRAIRES-ÉDITEURS

5, rue des Beaux Arts

MÊME MAISON A NANCY

1878

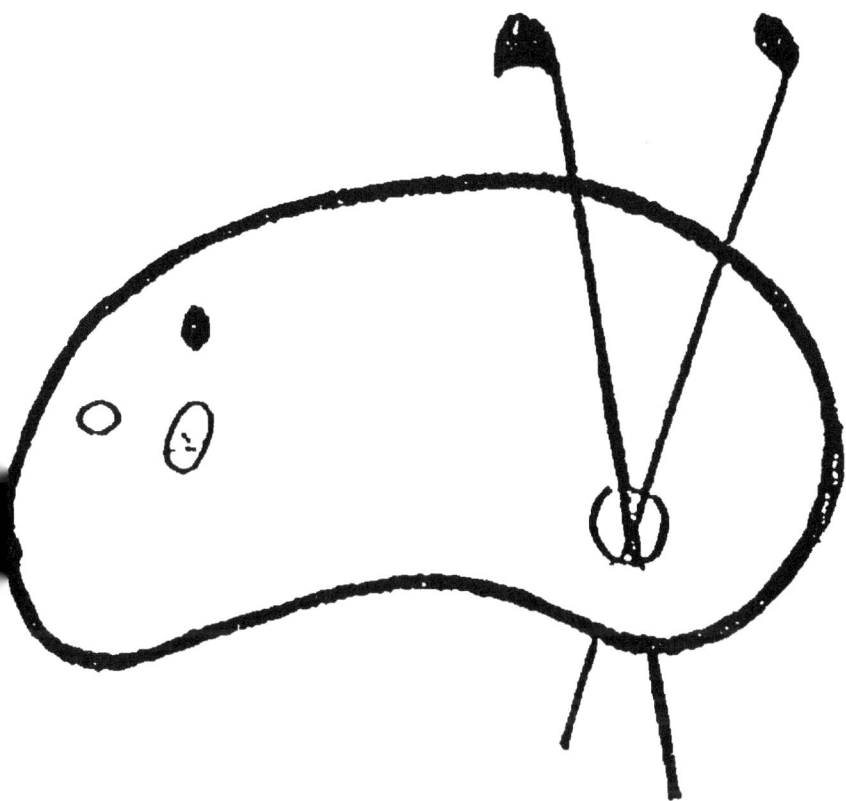

FIN D'UNE SERIE DE DOCUMENTS
EN COULEUR

DES PROJETS

DE

RÉFORME PÉNITENTIAIRE

NANCY, IMPRIMERIE BERGER-LEVRAULT ET Cie,

DES PROJETS

DE

RÉFORME PÉNITENTIAIRE

ÉTUDE DU PROGRAMME

ET DES MOYENS DE MISE A EXÉCUTION

PAR

JULES LALOU

INSPECTEUR GÉNÉRAL DES PRISONS ET DES ÉTABLISSEMENTS PÉNITENTIAIRES

PARIS

BERGER-LEVRAULT ET Cie, LIBRAIRES-ÉDITEURS

5, rue des Beaux Arts

MÊME MAISON A NANCY

1878

AVANT-PROPOS

———

Les études relatives à la question pénitentiaire ont pris dans ces derniers temps un dé-
veloppement des plus considérables. Au moment
où il allait être procédé, à Londres, à une enquête internationale touchant les divers systèmes d'emprisonnement, l'Assemblée nationale
de 1871 nommait une commission chargée
d'établir, en ce qui concerne notre pays, les
bases d'un programme de réforme ayant pour
objet de mettre obstacle aux progrès toujours
croissants de la criminalité et des cas de récidive.

Il m'a paru qu'un exposé, même très-succinct,
des travaux du congrès de Londres et de la

commission d'enquête parlementaire, ne serait pas inutile, ne fût-ce que pour jeter rapidement un coup d'œil sur les conclusions d'ensemble qui ont été généralement adoptées et à propos desquelles il n'y a plus qu'à spécifier les moyens de mise en pratique.

En ce qui concerne les dispositions n'exigeant plus de renseignements ni de dissertations théoriques, il faut placer en première ligne l'importante loi du 5 juin 1875, qui pourrait bien n'être cependant qu'une simple affirmation d'idées et de principes, si on ne se décidait pas à en poursuivre par d'autres moyens la mise en application aussi prompte que possible.

La tâche est des plus laborieuses, car il faut réunir les ressources financières qui sont indispensables pour la reconstruction des bâtiments et préparer avec soin, dès à présent, *une bonne organisation disciplinaire* de nature à bien acclimater et à populariser en France le système de la séparation individuelle. J'ai vu jadis de près les premiers essais d'isolement individuel dans plusieurs prisons départementales, et je puis affirmer qu'on irait au-devant d'un nouvel échec si on ne s'arrangeait pas de façon à faire observer dans de meilleures conditions le ré-.gime cellulaire.

Les hommes éminents qui s'occupent aujour-d'hui de la réforme pénitentiaire ont évidemment aperçu depuis longtemps les principales difficultés de l'œuvre, au succès de laquelle ils se sont si courageusement dévoués. Ils s'efforcent notamment d'obtenir le concours de l'opinion publique et de la pression qu'elle pourrait légitimement exercer sur les corps délibérants, principalement vis-à-vis des conseils généraux. C'est probablement dans ce but que l'on vient de créer une Société générale des prisons et qu'il a été parlé de mesures ayant pour objet de confier sinon au pouvoir judiciaire, au moins au ministre de la justice, les attributions pénitentiaires.

La Société générale des prisons facilitera sans aucun doute la vulgarisation des études et des appréciations sur le caractère et la portée des réformes projetées. A mon humble avis, il n'y aurait pas à s'exagérer toutefois, dans notre pays, les conséquences probables de la propagande et de la diffusion, si actives et si autorisées qu'elles soient, de certaines idées d'organisation économique ou sociale. De même qu'il a fallu y avoir recours d'office pour des intérêts plus immédiats encore, tels que par exemple ceux qui viennent d'être si bien servis par la loi sur les maisons d'école, on reconnaîtra bientôt que, pour l'exécution des travaux nécessaires pour approprier à leur nouvelle destination les bâtiments des prisons, il n'y a pas de solution possible en dehors d'une loi déterminant l'importance desdits travaux ainsi que la part contributive de l'État et des départements.

On se préparerait en agissant autrement de décevantes illusions sur les chances de mise en vigueur de la loi du 5 juin 1875. Du reste, en admettant, comme je l'explique plus loin, que la dépense totale puisse être réduite à environ soixante millions, on ne s'exposerait pas à de bien vives résistances par la présentation d'un programme comportant l'obligation d'établir, en vingt annuités, une allocation budgétaire de trois millions par an, dont la moitié seulement serait au compte de l'État.

Quant au régime disciplinaire, c'est au début qu'il est essentiel de le bien combiner, afin de ne plus fournir de prétextes aux adversaires du régime de la séparation individuelle. Je crois devoir insister pour que l'on s'en occupe d'urgence, sans retard. Il est tout particulièrement nécessaire d'examiner et de résoudre de suite la question du travail en cellule.

Indépendamment de considérations présentées sur les points ci-dessus désignés, j'ai réuni et je crois devoir mentionner, à propos des maisons centrales, quelques observations s'appliquant à l'organisation actuelle de ces établissements et aux améliorations qui pourraient y être introduites. En un mot, je n'ai eu en vue à ce sujet que ce qui existe actuellement, sans m'inquiéter en aucune façon de réformes d'ensemble dont il serait superflu de s'occuper quant à présent.

Pour les projets à l'étude, je ne devais pas oublier de signaler les objections qui peuvent être faites et les omissions à relever à l'occasion du projet de loi sur l'éducation et le patronage des jeunes détenus. A cet égard, on doit montrer combien il serait injuste et dangereux de .confondre les enfants malheureux qui doivent être *assistés et secourus,* avec ceux qui doivent être *amendés, réformés ou punis.* Il est à considérer aussi, pour la bonne gestion des finances de l'État, qu'il y aurait avantage à maintenir, sinon en droit, au moins en fait, la préférence qui a été inscrite implicitement à la loi du 5 août 1850 en faveur des colonies privées. Je propose donc de régler le mode de constitution de ces établissements, de manière à empêcher à l'avenir les abus qui ont été précédemment constatés.

Telles sont, avec quelques observations très-sommaires sur les institutions de patronage, les données principales d'une publication qui, je l'espère, aura au moins pour résultat d'appeler et parfois même de retenir l'attention sur quelques-uns des aspects du problème pénitentiaire.

DU PROGRAMME

ET DES MOYENS DE MISE A EXÉCUTION DES PROJETS

DE

RÉFORME PÉNITENTIAIRE

❧

CHAPITRE Iᵉʳ.

LE CONGRÈS DE LONDRES ET LA COMMISSION D'ENQUÉTE PARLEMENTAIRE.

———

Examen international des divers systèmes pénitentiaires. — Travaux de la commission d'enquête parlementaire. — Programme des projets de réforme qui ont été adoptés.

L'étude de la question pénitentiaire a été à peu près délaissée en France de 1849 à 1868. — On en était resté à cette première époque, en 1848, à des controverses touchant les systèmes d'Auburn et de Philadelphie, comportant l'un la séparation de nuit seulement, l'autre l'isolement individuel, absolu, rigoureux, de jour et de nuit; ces deux types, qui n'offrent plus main-

tenant qu'un intérêt historique, étaient principalement envisagés au point de vue du régime
des pénitenciers affectés aux individus condamnés à des peines d'une assez longue durée.
On n'avait pas assez mis en relief les convenances particulières et incontestables de la séparation individuelle des prévenus, des accusés
et des détenus ayant à subir de petites peines
en matière correctionnelle ou de simple police.

Par suite, soit des contradictions opposées à
des doctrines trop absolues s'appliquant en principe à toutes les variétés d'établissements, soit
de l'insuccès de quelques essais de mise en pratique du système cellulaire, les premiers pas faits
dans notre pays, en vue de réformer le régime
des prisons, ne furent pas continués. On adopta
en 1853, pour les maisons d'arrêt, de justice et
de correction, une combinaison des plus défec-
tueuses, qui est connue sous la dénomination de
système des catégories. Il devint cependant manifeste, en présence de l'augmentation progressive de la criminalité (¹) et des cas de réci-

(1) La statistique pénitentiaire pour l'année 1874 accuse une
nouvelle augmentation de 905 détenus pour cette seule année ;
— au 31 décembre 1873 les divers établissements pénitentiaires
renfermaient 55,291 détenus, — au 31 décembre 1874, 56,196
détenus.

dive (¹), que l'examen des institutions pénales
s'imposait à l'attention du Gouvernement. Une
commission d'enquête fut donc organisée vers
la fin de l'année 1868. Ses travaux, qui furent
d'une grande importance, se trouvèrent inter-
rompus par les événements de 1870.

En 1872, sur l'initiative de M. le vicomte
d'Haussonville, une autre commission, formée
par l'Assemblée nationale et composée de 15 députés et d'un certain nombre de membres adjoints, fut chargée de reprendre et de poursuivre l'œuvre commencée en 1868.

Une pareille détermination, prise au lende-
main de nos désastres, explique et démontre
mieux qu'aucun commentaire l'absolue nécessité de modifier une législation pénale qui ne
comprend plus que les diverses mesures d'emprisonnement au moyen desquelles on a rem-
placé la coercition corporelle encore en usage
à la fin du dernier siècle (²). On a vu l'ineffi-

(1) J'ai joint à un travail publié en 1870, sous le titre de :
Aperçu des motifs de la progression des cas de récidive, un
tableau montrant quel a été le mouvement des cas de récidive.

(2) La pénalité d'avant 1789 comprenait notamment, en outre
de l'écartèlement, de la roue, de la décollation, de la mort par
pendaison ou strangulation, savoir :

Les galères ;
Le bannissement ;

cacité relative de dispositions n'impliquant qu'une privation plus ou moins longue de la liberté, quelques sévérités de régime et une flétrissure qui ne peut émouvoir que ceux-là qui ont encore quelque souci de leur honneur et de leur dignité. On a vu surtout que la crainte de l'incarcération n'intimide décidément pas quiconque a déjà subi une fois l'influence d'un séjour, si court qu'il ait été, dans une prison en commun, et que la formidable armée du mal, celle qui se recrute dans les pénitenciers et s'y renouvelle chaque jour, n'avait pas cessé de s'accroître.

La corruption s'étend et se propage avec une si effrayante rapidité qu'il est devenu urgent d'envisager en face, sans illusion ni faiblesse, le péril de la situation. — On ne peut évidemment pas revenir à l'influence terrifiante

La marque ;
Le fouet ;
Le pilori ;
La confiscation des biens, l'amende, etc.

La detention perpetuelle était parfois substituée à la condamnation à mort.

La prison simple, bien que prononcée dans certains cas, notamment pour coups, blessures, injures ou, comme on disait, « paroles vilaines », n'en gardait pas moins en général le caractère qu'avait chez les Romains la *custodia*, détention purement préventive.

des anciens châtiments, et il n'y a plus qu'à accepter résolûment les faits accomplis en faisant disparaître ce qu'il peut y avoir d'excessif ou d'abusif dans les divers modes d'emprisonnement. Il ne faudrait pas croire que la difficulté de vivre, de se faire une place dans les rangs trop serrés du vieux monde, le paupérisme, en un mot, soit la principale cause de l'énorme quantité des incarcérations. Le péril est tout aussi grand de l'autre côté de l'Atlantique, dans un milieu des mieux partagés (¹) sous le rapport de la légitime expansion des forces et de l'activité humaine; c'est à l'insti-

(1) Rapport de M. Fernand Desportes sur le congrès tenu à Cincinnati en 1870. Enquête parlementaire, (tome III).

Suivant l'estimation du docteur Wines, les prisons aux Etats-Unis renferment de 60,000 à 75,000 individus, ce qui suppose, d'après le docteur Bettinger, 150,000 individus vivant annuellement de leurs méfaits. — Cette estimation serait inférieure de beaucoup à la vérité si, comme l'affirme le docteur Parish pour la ville de Philadelphi le plus grand nombre des délinquants (19 sur 20) échappent aux poursuites de la justice

Cette armée du crime se recrute dans une jeunesse chaque jour plus corrompue. D'après les calculs les moins élevés, dit le docteur Merrick, 100,000 enfants répondent à cet appel. Les garçons se livrent à l'ivrognerie dès l'âge de 7 ou 8 ans, les filles s'adonnent à la prostitution entre 12 et 13 ans.

Autour de cette armée se meut une population au moins égale en nombre, qui, sans commettre le crime, en vit cependant et lui fournit ses capitaux, ses lieux d'asile, ses marchés, ses plaisirs, sa littérature même.

On estime qu'en général, dans toute la Confédération, entre l'accomplissement du crime et l'arrestation du criminel, les

gation d'un Américain, M. le docteur Wines, qu'un congrès international a été réuni à Londres, dans le courant de l'année 1872, sous la présidence de M. le conseiller Loyson, afin de comparer et de coordonner les tentatives faites dans chacune des contrées des deux mondes dans le but de donner une sanction plus sérieuse à la répression pénale, tout en faisant la part des principes d'humanité qui ont fait abandonner les châtiments corporels, puis ensuite la marque et l'exposition.

Les travaux du congrès de Londres et de la commission parlementaire qui a fonctionné en France pendant trois années consécutives, sous la présidence de MM. de Peyramont et Mettetal, sont des plus considérables. Il suffit, pour s'en convaincre, en ce qui touche la commission française d'enquête parlementaire, de jeter un coup d'œil sur les huit volumes où se trouvent publiés, en outre du résumé des délibérations,

chances favorables sont, pour ce dernier, dans la proportion de 83 p. 100

Le congrès signale de regrettables inégalités dans l'application de la peine et l'influence funeste de la politique dans le choix du personnel supérieur des prisons, dans la distribution des grâces, etc. — Suivant le caprice de la cour, on punira, par exemple, de la même façon l'assassinat et le vol d'une pièce d'étoffe. — L'intérêt de la justice serait presque toujours subordonné à celui de la politique.

les dépositions des témoins, d'importants rapports, plusieurs projets de loi et enfin les avis exprimés par la Cour de cassation et par les différentes cours d'appel.

Certaines informations pratiques, qu'il eût été bien intéressant de recueillir, ont cependant fait défaut au congrès de Londres.

Bien que M. Wines eût pris la précaution de faire inscrire, dans un questionnaire expédié à l'avance dans chacun des pays appelés à se faire représenter, de nombreux renseignements de détail, il n'a pas été possible d'établir dans des conditions satisfaisantes le résultat relatif des divers systèmes qui ont été tour à tour préconisés. Il aurait fallu que l'on se fût d'abord concerté, dans le but de préparer un cadre d'ensemble permettant de constater, d'après des bases à peu près identiques, le chiffre proportionnel des délits et des crimes, des contraventions et enfin des cas de récidive. On doit même dire que la nature des lois pénales et les divers détails du régime pénitentiaire n'ont pu faire l'objet que d'investigations très-sommaires.

La délibération a été en majeure partie consacrée à des exposés doctrinaires appuyés d'observations groupées et présentées de façon à justifier les différentes thèses soutenues devant le congrès.

En laissant de côté le vieux système de l'emprisonnement en commun, qui n'a pour ainsi dire plus trouvé de défenseurs, on constate que l'enquête ouverte par le congrès a principalement porté sur les points suivants :

1° Avantage du système de Philadelphie ou de la séparation individuelle, sous la condition de l'atténuer par le travail, l'étude et de fréquentes visites ;

2° Adoption, dans certains cas, d'un système basé sur celui d'Auburn et comportant la séparation morale pendant le jour, par le silence, et l'isolement de nuit seulement par la cellule ;

3° Résultats à attendre du système mixte pratiqué en Angleterre et en Irlande.

Puis ensuite, pour les détails de régime, on a examiné en première ligne :

1° La servitude pénale anglaise et le système des catégories conduisant par degrés à la libération conditionnelle ;

2° Le système progressif irlandais, dit intermédiaire, tendant au même but, mais après avoir fait d'abord passer le prisonnier par un état de demi-liberté.

Voici quelles sont, sur ces différentes questions, les remarques qui paraissent avoir le plus d'importance :

L'interminable débat sur le maintien du régime en commun a évidemment pris un tout autre aspect. — Les délégués ont presque tous exprimé une opinion favorable à l'emprisonnement individuel. M. Stevens pour la Belgique, M. Bérenger (France), MM. Eckert et Varentrapp (Allemagne), M. Ploos van Amstel (Hollande), et plusieurs membres du congrès ont présenté à cet égard des arguments saisissants et décisifs. Les objections ne se produisent plus, à vrai dire, qu'à propos des conditions de régime et en ce qui concerne les peines d'une longue durée. Des exemples pris en Belgique, en Hollande, en Allemagne, en Suède, en Danemark et aussi en Toscane, montrent cependant qu'il n'y a point à s'exagérer les inconvénients d'un long séjour en cellule.

Dans les deux pays, où le programme pénitentiaire a été définitivement et logiquement coordonné, c'est-à-dire en Hollande et surtout en Belgique, le système cellulaire complet, absolu, a été ou doit être mis en vigueur, sous la réserve d'un maximum de durée fixé à deux années en

Hollande et à dix années en Belgique. — Les peines subies en cellule offrent l'avantage d'une réduction proportionnelle déterminée par la loi.

D'après les déclarations de M. Stevens, les résultats déjà obtenus seraient tout à fait favorables au système de la séparation individuelle. La population des prisons belges, qui s'élevait en 1856 à plus de 7,000 individus, serait descendue au chiffre de 4,000 environ, grâce à l'introduction graduelle du régime de l'isolement.

Quant à la séparation de nuit seulement, elle a été approuvée à l'unanimité en ce qui concerne les pénitenciers où il s'agit seulement d'amoindrir l'un des principaux dangers de la vie en commun, celui de la promiscuité du dortoir et des relations qui s'y établissent.

A propos du système mixte anglais, il ne paraît pas qu'on ait assez dit qu'il ne forme qu'un programme partiel dont l'application est limitée aux peines de très-longue durée. Il concerne les condamnés à plus de cinq ans de servitude pénale, lesquels sont d'abord soumis à l'isolement cellulaire à Milbank ou à Pontonville, pour ensuite être dirigés sur de grands chantiers de travaux publics.

Il y a bien à Londres des prisons préventives cellulaires et une maison, celle d'Holloway, où les condamnés à un emprisonnement ne dépassant pas deux ans de durée sont soumis à un régime analogue à celui d'Auburn, mais on trouve dans les prisons de comté une très-grande diversité de bâtiments et de systèmes.

Le système irlandais, auquel sir Crofton a attaché son nom et qui lui a valu une légitime célébrité, ne peut aussi s'appliquer qu'à de longues peines. Il consiste dans une série de classifications comprenant des épreuves d'un certain laps de temps auxquelles on assujettit les individus frappés d'une condamnation de plus de cinq ans de durée ; on débute, comme en Angleterre, par le régime de la séparation individuelle. Le condamné passe ensuite au régime en commun pour être enfin placé dans une prison dite intermédiaire où il jouit d'une demi-liberté, c'est-à-dire d'où il peut sortir chaque jour pour aller travailler au dehors.

Pendant chacune des trois phases de son existence en prison, la conduite du détenu est constatée au moyen d'un système de marques très-ingénieusement imaginé et dont il serait possible de tirer un parti utile dans la plupart des pénitenciers. Ce mode de procéder doit surtout avoir beaucoup d'influence vis-à-vis des jeunes détenus.

Comme on vient de le voir, les efforts de l'administration ont principalement pour objet, en Angleterre et en Irlande, la réforme ou l'amendement des condamnés les plus coupables. Il est cependant très-difficile de ramener au bien des prisonniers qui sont arrivés à un pareil degré de perversité après de nombreuses récidives parmi les premières étapes de la criminalité.

On doit faire observer d'ailleurs, à propos du système mixte anglais et de l'une des parties du système irlandais, que la réunion en commun de condamnés ayant subi en cellule la première partie de leur peine, justifierait de graves critiques. Il paraît peu logique de s'imposer de lourds sacrifices pour soustraire le détenu à la dangereuse promiscuité des prisons, puis de l'exposer de nouveau, à un moment donné, à des occasions de contact qui viennent compromettre en majeure partie le bon résultat des salutaires réflexions suggérées par l'emprisonnement individuel.

Les documents de statistique ne permettent

pas de se rendre compte des chances de succès des dispositions dont il vient d'être parlé, touchant l'Irlande et l'Angleterre. Quelques exemples isolés d'amendement individuel, relevés par sir Crofton et par le major Du Can, ne suffisent pas pour apprécier la valeur d'ensemble de chacun des deux systèmes. La théorie en est incontestablement séduisante, mais il faut voir les difficultés d'une mise en application qui nécessite des rouages très-compliqués et qui ne peuvent être mis en mouvement que par des hommes tels que sir Crofton et les collaborateurs qu'il a su former autour de lui.

Les *tickets of leave* (mises en liberté provisoires) semblent avoir occasionné bien des embarras et des déceptions. D'après ce qui a été répondu à M. Bérenger, qui a tenu à avoir des renseignements très-précis, on doit surtout voir dans le *ticket of leave* une sorte de surveillance pénale, dont l'action énerve, sans grand profit pour le condamné, l'efficacité comminatoire des sentences judiciaires. S'il avait fallu faire un choix, il est presque certain que le congrès eût donné la préférence aux prisons intermédiaires.

On ne doit pas omettre de mentionner, parmi

les instructives et curieuses dépositions qui
ont été faites, les révélations relatives à la
transportation. — Les délégués pour l'Angleterre ont reconnu, avoué, que, suivant le mot
expressif de M. Babinet, la transportation n'est
qu'un leurre, une pénalité illusoire n'exerçant
aucune influence sérieuse d'intimidation, et
qu'on agirait sagement en l'utilisant seulement
à la répression du vagabondage, ou bien encore
pour servir de récompense en faveur des condamnés ayant eu pendant longtemps une conduite exemplaire dans un pénitencier.

Je n'ai, du reste, pas à insister sur le caractère et la portée des travaux du congrès de
Londres. Le rapport de M. Bournat est le meilleur guide pour les bien connaître et pour les
étudier avec soin ([1]).

Je crois pouvoir ajouter toutefois, sans
crainte d'être contredit, qu'il y a tout particulièrement à retenir des délibérations dont je viens
de parler, plusieurs observations dont il y aura
désormais à tenir compte dans tous les projets
de réforme pénitentiaire. Il me paraît notam-

(1) Le rapport de M. Bournat a été jugé si impartial et si bie ,
fait qu'il a été adopté à titre de résumé des travaux du congres
et traduit en langue anglaise.

ment que l'enquête a été des plus concluantes
et qu'on ne peut conserver aucune hésitation
en ce qui concerne :

1° *Les bons résultats à attendre de la séparation individuelle ;*

2° *La mise en usage de marques venant
constater jour par jour la bonne ou la mauvaise conduite du détenu et impliquant, pour les
récompenses, des remises de peine ou, dans certains cas, l'admission à un régime intermédiaire,
tel que le chantier extérieur, ou bien encore la
transportation ;*

3° *Les inconvénients de la transportation
comme unique châtiment des crimes ;*

4° *La nécessité d'avoir recours à des mesures
préventives excluant tout séjour en prison lorsqu'il s'agit des enfants peu âgés ou de ceux
qui ne se sont pas rendus coupables de délits ou
de crimes d'une certaine gravité.*

D'autre part, on pourrait être amené, d'après
ce qui a été spécifié dans les dépositions, à
réviser la classification pénale spécialement
applicable à notre pays (¹).

(1) Voici quelle est actuellement la nomenclature des peines.
En matière criminelle :
   La mort ;
   Les travaux forcés ;

Il y aurait à mieux caractériser et à donner une meilleure ligne de démarcation entre la petite, la moyenne et la grande criminalité.

Les peines de simple police et les plus petites peines correctionnelles étant punies de l'admonition ou de l'amende, on pourrait, par exemple, conserver le nom d'*emprisonnement* pour les condamnations jusqu'à un an et un jour, celles qui impliquent un séjour dans les prisons départementales.

Au deuxième degré, il y aurait la *réclusion pénitentiaire,* jusqu'à un maximum de trois ans de durée avec l'obligation d'être assujetti au régime des maisons centrales.

Enfin, pour les crimes les plus graves, on

La déportation ;
La détention ;
La réclusion ;
Le bannissement ;
La dégradation civique.
En matière correctionnelle :
L'emprisonnement à temps ;
L amende.
En matière de simple police :
L emprisonnement et l'amende.
Le tout s'enchevêtre et se confond à travers un dédale de dispositions restrictives ou aggravantes.
Le régime alimentaire des maisons centrales est meilleur que celui des prisons départementales. Puis l'intimidation est bien plus efficace par le régime des maisons centrales que par l'effet de la transportation, qui remplace ce qui était obtenu jadis par la peine des travaux forcés.

pourrait employer la dénomination de *servitude pénale,* laquelle serait limitée à un laps de temps qui ne serait jamais moindre de cinq années.

On obtiendrait une sanction de la diversité des peines par un régime gradué de façon à devenir de plus en plus rigoureux dans chacune des trois catégories d'établissements.

La détention comme le bannissement ne seraient conservés que pour des crimes d'ordre purement politique.

Il me semble que ces désignations : emprisonnement, — réclusion pénitentiaire et servitude pénale, correspondraient bien à chacun des trois principaux degrés de criminalité.

L'emprisonnement subi dans les maisons cellulaires, suivant les termes de la loi du 5 juin 1875, serait une privation pure et simple de la liberté, sans circonstances aggravantes de costume pénal, de privations alimentaires très-rigoureuses, etc.

Dans ce programme la réclusion pénitentiaire impliquerait, avec le séjour des maisons centrales, le port du costume pénal, l'obligation du travail à la tâche et un système disciplinaire d'une certaine sévérité.

La troisième catégorie, soit la servitude

pénale, aurait, en outre des conséquences ordinaires des peines afflictives et infamantes, un
régime encore plus rigoureux dans des pénitenciers spéciaux, un costume différent de celui
des maisons centrales, et, bien entendu, le travail suivant des tâches déterminées.

La transportation pourrait être accordée aux
condamnés de la deuxième et de la troisième
catégorie, mais à titre de récompense seulement, et lorsqu'ils auront eu subi au moins la
moitié de leur peine.

On trouverait alors dans la dénomination
des peines, l'expression vraie et rationnelle de
la nature et de l'importance de la punition ou
du châtiment qui aurait été infligé.

Quoi qu'il en soit de ces considérations, on
peut dire pour l'ensemble que l'impression à
retenir de l'examen international des causes et
du mode de répression des délits et des crimes, ne nous est pas aussi défavorable qu'on
aurait pu le redouter. Ainsi que l'ont fait judicieusement remarquer MM. Charles Lucas et
Babinet, nous avions peut-être poussé à l'extrême certains sentiments d'humilité. Au point
de vue administratif, notre organisation pénitentiaire, avec sa puissante unité (surtout la ges-

tion financière et économique), est probablement l'une des meilleures, sinon la meilleure de l'Europe (¹). Il est vrai que nous avons vu s'augmenter, dans ces derniers temps, le nombre des délits et des crimes, ainsi que celui des cas de récidive, mais il est aussi très-positif que nous n'avons rien à envier sur ce point aux autres nations des deux mondes. Elles ont toutes payé un aussi large tribut à l'effroyable lèpre qui s'étend et se propage partout avec la même rapidité et une intensité au moins égale.

A cet égard, il est utile, pour mieux apprécier la situation, de faire en sorte de ne pas s'en tenir aux renseignements transmis au congrès de Londres.

Or, il résulte de quelques données de statistique internationale, publiées par M. Beltrami Scaglia et par M. Maurice Block, qu'en général

(1) D'après M. Beltrami Scaglia, le prix de revient de chaque journée de présence, défalcation faite du produit du travail, se serait élevé, en 1872, à 1 fr. 15 c. en Autriche, à 93 cent. 89 en Belgique, à 1 fr. 11 c. en Danemark, à 80 cent. 41 en Angleterre, à 89 cent. 16 en Italie, à 1 fr. 17 c. en Hollande, à 71 cent. 31 en Prusse, à 72 cent. 67 en Saxe, et à 1 fr. 55 c. en Suède.
En France, ce prix de revient pour la même année n'est que de 62 cent. 96, en écartant l'évaluation des dépenses spéciales de la transportation.

le nombre des crimes, des délits, sinon celui des contraventions, atteint à l'étranger des proportions équivalentes à celles qui sont constatées à nos documents officiels.

En y comprenant l'effectif des colonies pénitentiaires, tous les contrevenants et les petits délinquants qui passent aujourd'hui par les prisons départementales (¹), la population moyenne des pénitenciers et des maisons d'arrêt et de justice semble pouvoir être évaluée, en chiffres ronds, à environ 55,000 individus pour 36,102,921 habitants. En Belgique il y aurait de 4,000 à 5,000 détenus de toutes catégories pour 5,021,336 habitants; en Angleterre, Écosse et Irlande, environ 46,000 (²) déte-

(1) Il y a maintenant, chaque année, plus de 40,000 condamnations à l'emprisonnement qui sont prononcées par les tribunaux de simple police. Le nombre des inculpés pour des affaires d'ivresse a été de 56,555 en 1873.

(2) En ce qui concerne les contraventions jugées sommairement, le nombre des prévenus s'est sensiblement accru de 1859 à 1870, soit de 392,810 en 1859, à 540,716 en 1871. Les tribunaux anglais ont prononcé les jugements ci-après mentionnés, en ce qui concerne ces 540,716 prévenus, savoir:

À plus de 6 mois de prison, 69 ;
De 3 mois à 6 mois, 3,189;
De 2 mois à 3 mois, 7,563 ;
De 1 mois à 2 mois, 11,288 ;
À moins de 15 jours, 38,850 ;
Jeunes délinquants envoyés dans des maisons de réforme, 2,008 ;

nus pour 31,465,480 habitants; en Italie, de 50,000 à 55,000 pour 26,716,000 habitants; en Hollande, un peu plus de 2,500 pour 3,579,529 habitants; en Saxe, environ 3,000 pour 2,556,244 habitants; en Suède, de 3,500 à 3,600 détenus pour 4,168,525 habitants. Pour la Prusse, on peut considérer comme un indice de la situation ce qui est consigné dans une note sur la récidive qui a été communiquée dernièrement au conseil supérieur des prisons par M. le directeur de l'administration pénitentiaire. Il résulte de cette communication que, de 1872 à 1874, les délits et les crimes contre l'ordre public ont augmenté de 33 p. 100; ceux contre les personnes de 33 p. 100; ceux contre les biens de 7 p. 100; ceux contre les choses (constituant

À l'amende, 267,721 ;
Au fouet (ʼants), 822 ;
Autres punitions, 49,418 ;
Plus 233 autres enfants accusés de crimes.
Parmi les 540,716 délits et contraventions dont il vient d'être parlé, 142,343 sont des cas d'ivrognerie (il n'y en avait que 100,357 en 1867), 18,050 de tapage, 39,532 de vagabondage, 38,333 de contraventions aux règlements locaux, 29,408 de contraventions de voirie, 19,645 de contraventions de police, 11,004 de contraventions commises par les marchands de comestibles, de boissons, etc., 8,642 de contraventions aux règlements sanitaires, 8,939 d'infractions à la loi sur les pauvres, 4,989 de contraventions aux règlements sur les poids et mesures, 10,810 de contraventions aux lois sur les rapports entre maîtres et apprentis ou domestiques.

un danger public, incendie, etc.) de 33 p. 100. Plus de 80 p. 100 des individus détenus dans les établissements pénitentiaires ont été condamnés pour délits contre les biens. — Les récidivistes y figurent pour plus des *trois quarts*.

Nous avons vu plus haut, à propos du congrès de Cincinnati, ce qui en est de la criminalité aux États-Unis. D'autres appréciations évaluant à une centaine de mille le nombre des enfants vagabonds abandonnés ou adonnés au crime, laissent supposer que la proportion du mal dépasse à cet égard les plus désolantes statistiques pénitentiaires de l'Europe. Il s'agit d'un chiffre qui atteint presque à lui seul l'ensemble de cette partie des contingents européens et qui permet d'entrevoir l'état de dépravation et de misère des bas-fonds de ces jeunes sociétés américaines, dont on exalte tant la prospérité morale et matérielle et les vertus de famille.

Les indications font défaut pour la Suisse, l'Autriche, la Russie, l'Espagne, etc. — Il n'existe aucun motif de croire que ces contrées sont mieux favorisées sous le rapport de l'influence des mœurs ou des institutions pénales.

Quant aux cas de récidive, et sauf ce qui est dit plus haut en ce qui concerne la Prusse, il est encore impossible d'établir, même approximativement, des comparaisons avec ce qui se produit à l'étranger. Suivant les déclarations faites à Londres, le casier judiciaire n'a pas été organisé dans les autres parties de l'Europe. D'ailleurs, et ceci vient à l'appui d'observations touchant la supériorité de quelques-unes de nos institutions administratives, on ne trouve nulle part des indications aussi complètes et aussi précises que celles qui sont consignées chaque année dans nos comptes rendus de la justice criminelle et dans les tableaux du mouvement de la population, ainsi que du chiffre des dépenses dans les maisons d'arrêt, de justice et de correction, et dans les grandes prisons pour peines.

Il n'y a pas à se dissimuler néanmoins que notre système pénal a fait peu de progrès depuis un demi-siècle. La plupart des nations voisines nous ont devancés dans la voie sinon des études (1) au moins des expériences ayant

(1) Pour les études théoriques on ne doit pas omettre de signaler en première ligne le rapport fait, en 1843, par M. de Tocqueville à la Chambre des députés, et celui qui a été déposé, en 1847, par M. Bérenger (de la Drôme) à la Chambre des pairs.

pour objet le perfectionnement du régime intérieur des prisons. Les regrets à concevoir
à cet égard peuvent s'atténuer par cette considération que nous aurons à profiter d'essais
parfois très-coûteux, et, d'autre part, grâce aux
travaux de l'enquête parlementaire, d'un ensemble d'investigations, dépassant de beaucoup
ce qui avait pu être réuni dans cet ordre d'i-
dées. En définitive, il n'y a d'absolument
fâcheux et d'à peu près irréparable que l'é-
norme dépense effectuée depuis 1853 pour la
reconstruction d'établissements édifiés conformément aux règles du système dit des catégories.

L'amour-propre national est, du reste, sau-
vegardé au point d'exclure toute pensée de
découragement, lorsqu'on examine le précieux
recueil de renseignements qui a été publié par
la commission parlementaire, comme aussi
lorsqu'on envisage les chances de succès des
divers programmes qui ont pu être adoptés
par cette commission. L'enquête a été aussi
complète qu'approfondie et digne en tous
points des hommes éminents qui en ont été
les actifs promoteurs.

Il y a bien à laisser de côté de nombreuses

répétitions sur des informations de détail un peu surabondantes et qui gagneraient à être synthétisées, mais il est incontestable que le rapport d'ensemble de M. d'Haussonville, celui qui a été présenté par M. Bérenger à l'appui du projet de loi sur les prisons départementales, ceux de MM. Voisin, Lacaze et Bournat, sur les jeunes détenus, celui de M. le baron de Joinville parlant au nom de l'inspection générale des prisons, ainsi que plusieurs autres, sont avec de remarquables dépositions, parmi lesquelles on doit citer celles de MM. Jaillant, Stevens, Lecourt, Loyson, etc., des documents de la plus haute importance qui prendront place dans l'histoire de la science pénitentiaire, à la suite des publications et des études des de Beaumont, des de Tocqueville, des Bérenger père, et plus récemment de MM. Charles Lucas et de Metz.

Toutes les délibérations sont empreintes d'un cachet d'impartialité et, si je puis employer cette expression en pareille matière, de tendances éclectiques qui finiront par être acceptées partout en fait d'institutions pénales.

On a évidemment abandonné l'idée chimérique d'un système pénal venant diminuer

dans une large proportion les premiers cas
de criminalité.

Chacun semble avoir admis, au moins tacite-
ment, qu'il faut chercher cet heureux résultat
dans la diffusion du bien-être moral et matériel plutôt que dans le régime des prisons. La
progression du nombre des délits et des crimes
provient des mêmes causes que l'accroissement
du nombre des suicides, qui s'est élevé, en
moins de 50 ans, d'environ 1,500 à un contingent annuel de plus de 5,000. Pour les premières incarcérations, les grands facteurs de
cette progression sont non pas l'insuffisance
des lois pénales, mais bien pour le premier âge
l'abandon et la misère, et, pour les adultes, la
paresse, les mauvais instincts développés dans
un milieu immoral, l'absence de toute foi religieuse ou encore la perturbation intellectuelle
qui est la conséquence soit des bouleversements
d'une époque de transition politique et sociale,
soit enfin des excitations malsaines qui sont
répandues dans les œuvres d'imagination publiées par la voie de la presse.

Tout cela est bien plus de la compétence du
moraliste que de celle du magistrat ou de
l'administrateur. Il est indubitable que la pri-

son, quelle qu'elle soit, sera toujours une douloureuse plaie sociale et non un mode d'éducation ou d'amendement pour les natures rebelles ou corrompues. On peut seulement atténuer les inconvénients et les dangers de l'emprisonnement; en un mot, suivant la remarque de M. Ploos van Amstel, lorsqu'il a signalé au congrès de Londres les succès obtenus en Hollande au moyen du régime cellulaire, on peut instituer des prisons aussi peu mauvaises que possible, mais on ne saurait espérer ni entrevoir rien de plus.

Il est donc certain qu'il faut bien tenir compte de deux points principaux, savoir :

1° N'appliquer qu'en cas d'absolue nécessité l'emprisonnement préventif ou répressif;

2° Organiser les prisons de façon à ce qu'on puisse y atténuer les dangers de corruption par le contact, et partant de l'augmentation de la récidive, sans préjudicier à l'effet comminatoire des peines.

Je veux faire allusion, pour le premier point, à tout ce qui serait de nature à faire éliminer de la population des prisons une grande partie des individus qui se rendent seulement coupables d'infractions ou de délits de peu de gravité, ou, parmi les jeunes détenus, tous ceux des enfants qui devraient être confiés à des institutions d'assistance publique.

Quant à l'organisation pénitentiaire, le premier but à atteindre a été signalé avec un éclat lumineux. L'enquête parlementaire a enfin permis de bien voir, de bien définir le vrai foyer du mal, des principaux motifs de la récidive par l'effet du séjour en prison. On a compris qu'il ne fallait pas imiter l'Angleterre, l'Irlande, les États-Unis et toutes les contrées où on a commencé par ce qui devait être le complément de la réforme pénitentiaire. On s'est plus particulièrement préoccupé, dans ces divers pays, des pénitenciers destinés aux malfaiteurs ayant à subir des peines d'une longue durée, tandis qu'il importait d'abord de tarir les nombreux affluents qui alimentent les grands collecteurs de la criminalité.

La multiplicité des entrées dans les prisons départementales se traduit chaque année, en France, par un mouvement de population s'appliquant à plus de 200,000 individus qu'il est relativement bien plus facile de ramener au bien que les quelques milliers de condamnés qui sont dirigés sur les maisons centrales. Il y avait à considérer, d'autre part, que les objections qui se produisent encore et qui ont été soutenues devant l'Assemblée nationale, au sujet de la séparation individuelle, sont beaucoup plus rares lorsqu'il ne s'agit que des prévenus, des accusés et des peines de peu de durée.

La commission a donc été sagement inspirée à tous les points de vue en préparant d'abord et en faisant voter sans retard son premier projet de loi, c'est-à-dire celui qui est relatif aux prisons départementales, lequel forme la partie la plus essentielle du programme des réformes dont le principe a été adopté.

Parmi les diverses autres questions pour lesquelles les études sont à peu près complètes, je citerai en première ligne le projet de loi sur les jeunes détenus, puis ensuite des projets de changement de régime dans les pénitenciers, et enfin tout ce qui se rapporte au patronage et aux commissions de surveillance.

En résumé, nous possédons actuellement, avec la loi du 5 juin 1875 et les principes posés et admis à propos des maisons de jeunes détenus, les principaux éléments d'une excellente réorganisation pénitentiaire.

Il convient toutefois de ne pas laisser perdre de vue que nous avons déjà eu l'espoir d'un pareil résultat. Les événements sont venus compromettre une première fois le succès de dispositions qui avaient été jugées décisives. D'autres motifs pourraient exercer une aussi funeste influence touchant les réformes aujourd'hui projetées. On doit donc étudier sans relâche les moyens de les mettre en pratique. C'est dans ce but que je crois devoir présenter ci-après des observations et des propositions qui, je l'espère, ne seront pas inutiles à une œuvre qui exige le concours, le bon vouloir de quiconque possède un peu d'expérience en pareille matière.

CHAPITRE II.

Inconvénients et importance des petites peines. — Dispositions à prendre dans le but d'en diminuer le nombre

D'après les idées qui semblent devoir pré-
dominer en matière d'emprisonnement, les
réformes relatives à la législation préventive et
pénale ont pour objet, en ce qui concerne les
prisons du premier degré, soit dans notre pays
les prisons départementales, savoir : 1° les
mesures permettant de n'user de l'incarcération qu'à la dernière extrémité, c'est-à-dire
l'élimination des effectifs actuels d'un grand
nombre d'individus n'ayant à subir que des
peines de peu de gravité; 2° la séparation individuelle des inculpés, des prévenus, des accusés et des condamnés appartenant aux catégories désignées aux articles 2 et 3 de la loi

du 5 juin 1875 (¹). Il convient donc de faire
en sorte de rechercher et d'indiquer les divers
moyens d'action qui, dans l'état actuel des
choses, amèneraient une diminution sensible
du nombre des incarcérations, et notamment
ceux qui pourront faciliter et accélérer la mise
en pratique des procédés d'isolement qui per-
mettront d'écarter les dangers ordinaires de la
vie en commun. Nous allons examiner et rechercher d'abord les diverses mesures qui paraissent de nature à faciliter l'élimination d'un
certain contingent de détenus.

Le mouvement de la population dans les
prisons départementales s'élève annuellement,
en chiffres ronds, à environ 200,000 entrées,
défalcation faite des transfèrements.

Sur ces 200,000 entrées, il y en a 60,000
au moins qui sont motivées par des jugements
en matière de simple police ou par des jugements correctionnels relatifs à ce que l'on
appelle communément les petits délits.

La question des courtes peines souvent
répétées et des inconvénients de l'emprisonnement en matière de simple police, est donc des

(1) Voir aux annexes le texte de cette loi.

plus graves, puisqu'elle concerne un contingent relativement des plus considérables de l'effectif des prisons.

Tous les criminalistes sans exception blâment l'abus qui a été fait de la peine de l'emprisonnement. Ils ne peuvent admettre qu'il n'y ait aucune distinction plus marquante entre les mesures de répression applicables aux délits et aux crimes d'une certaine gravité, et la punition à infliger pour des délits ou des contraventions de peu d'importance, au moins au point de vue de la perversité individuelle.

Le séjour à la maison de correction, gradué quant à sa durée, mais non en ce qui touche la nature de l'établissement et les conditions de régime pouvant être la conséquence d'un jugement de simple police, il en résulte que l'effet comminatoire de la peine « dite de l'emprisonnement », se trouve bien affaibli, et qu'il s'établit dans le public de regrettables confusions venant exagérer pour les uns les suites légales d'une faute souvent excusable, ou atténuer sensiblement pour les autres le sentiment de réprobation qui devrait être la conséquence de leurs méfaits. Comment se fait-il surtout qu'il y ait une seule et même dénomination pour la punition encourue par un commerçant qui ferme tard sa boutique, ou encore pour des délits de chasse ou de pêche, et le châtiment à infliger à un voleur et parfois même à un meurtrier ([1])?

Au point de vue de l'intérêt direct, personnel, des condamnés à de petites peines, l'effet de la prison, surtout de la prison en commun, est positivement désastreux. On voit disparaître chez eux la crainte et la honte de l'incarcération. — Le temps passé en prison suffit souvent pour créer des relations qui ont presque toujours de funestes résultats. En un mot, l'être humain qui a été une seule fois l'objet d'une mesure de ce genre, se sent amoindri et il devient plus accessible au découragement et aux mauvaises excitations.

Il importe donc de ne pas oublier que l'emprisonnement, quelle que soit sa durée, a une bien autre portée que de priver de sa liberté pendant quelques heures ou quelques jours

(1) Le système pénal anglais trace maintenant une plus suffisante ligne de démarcation entre la petite et la grande criminalité. — Pour la première, on inflige la prison pour une durée ne dépassant pas deux ans — En matière de crimes graves, il y a la servitude pénale qui n'est jamais prononcée pour moins de cinq ans.

seulement, les contrevenants et les petits délinquants. M. de Bonneville de Marsangy, et
après lui M. le pasteur Robin, ont éloquem-
ment signalé, dans de curieuses et instructives
publications, le vrai danger des courtes peines.
Je ne saurais, du reste, mieux faire pour montrer ce qui en est à cet égard que de reproduire
textuellement quelques passages d'un discours
prononcé par M. Bérenger à l'Assemblée nationale le 2 juin 1875. Les arguments sont
présentés dans une forme si saisissante, avec
une telle puissance de persuasion, qu'il est bien
préférable de ne pas essayer de les analyser.

« Que voulez-vous, disait-il, que devienne,
« dans un pareil milieu (¹), un honnête paysan,
« un ouvrier laborieux, qu'une rixe acciden-
« telle, un mouvement de vivacité ou quelque
« simple contravention, aura amené à la pri-
« son? Le voilà qui arrive dans cette cour com-
« mune, couvert d'humiliation, cherchant quel-
« que coin obscur pour cacher sa honte; il lui
« semble que les murs de la prison, et c'est
« vrai, cachent l'infamie; c'est à peine s'il ose
« jeter les yeux autour de lui.

---

(1) Celui des prisons départementales.

« Bientôt il porte ses regards sur ceux qui
« l'entourent; il s'attend à voir en eux les
« sentiments qu'il éprouve lui-même. Loin de
« là, il n'apparaît sur ces figures empreintes
« des traces du vice qu'un air d'indifférence,
« presque de satisfaction; il ne voit dans les
« attitudes qu'une affectation de bravade exclu-
« sive de toute idée de repentir. Croyez-vous
« qu'à ce spectacle le sentiment de honte,
« d'humiliation dont il se sentait envahi et qui
« pouvait le conduire au repentir, ne va pas
« être diminué et comme émoussé en lui? Et
« si, par hasard, ces hommes qui viennent de
« le voir entrer remarquent les bons sentiments
« qui se peignent sur son front, croyez-vous
« qu'ils vont les encourager de leur sympathie?
« Allons donc! ce sera la raillerie, l'impitoyable
« raillerie qui saluera sa confusion et cherchera
« à le faire rougir de ce qui peut rester d'hon-
« nête au fond de son cœur.

« Et voici, messieurs, comment l'homme,
« qui entre honnête dans la prison, peut, au
« bout de quelques jours, sentir son repentir
« ébranlé, rire de ses remords, et s'il y reste
« longtemps, en sortir corrompu. Car ne
« croyez pas que le contact du scélérat avec

« l'homme honnête se borne à quelques raille-
« ries, non! Il faudra bien qu'un jour, si le
« travail manque, si l'oisiveté les rapproche,
« que ce contact devienne plus intime. Quand
« on vit ensemble tous les jours, les conversa-
« tions s'échangent. Eh bien, qu'est-ce que ces
« conversations, et que peut-il en sortir? Il
« en sort ce qui est inévitable.

« De quoi peuvent causer ces hommes qui
« ont passé leur vie sinon dans le crime, au
« moins dans le vice et l'abjection, qui se sont
« mis en guerre avec les lois et, voulant vivre
« sans travail, ne peuvent vivre que de rapines.
« On le pressent, ils se vantent de leurs hauts
« faits. Familiers avec la prison, quand ils y
« rentrent, ils y rentrent avec l'aplomb de gens
« qui y retrouvent leurs habitudes, avec la sa-
« tisfaction d'y retrouver, comme l'a dit spi-
« rituellement l'honorable M. d'Haussonville,
« une société qui leur plaît. C'est à eux qu'ap-
« partient la prison. Ils y professent, et tous
« ceux qui n'acceptent pas leur joug, je dirais
« presque leur direction et leur autorité, tous
« ceux-là, ils cherchent à en faire leur proie.

« Voilà ce qui existe dans les prisons dépar-
« tementales. Je ne vous ai parlé que du quar-

« tier des hommes. Mais combien cela n'est-il
« pas plus grave dans le quartier des femmes?
« Les filles publiques que l'administration en-
« voie à la prison pour les infractions aux rè-
« glements de police, ces filles se trouvent là
« le plus souvent mêlées au reste des détenues.
« Alors, du moins dans un certain nombre de
« prisons, des jeunes filles de moins de seize
« ans peuvent être mises à l'écart et échapper
« à leur contact et à leurs enseignements.
« L'administration fait ses efforts pour généra-
« liser cette bonne pratique. Il y a cependant
« des maisons où la séparation n'existe pas.
    « Mais pour celles qui ont dépassé seize ans,
« il n'y a pas d'exception en leur faveur, c'est
« dans le quartier commun qu'elles se trouvent
« avec toutes les autres condamnées; s'il n'y a
« pas toujours à côté d'elles les filles perdues
« dont je viens de parler, il y a inévitablement
« des voleuses de profession, des femmes que
« la police a ramassées en état d'ivresse, des
« habituées du vagabondage et de la mendi-
« cité, presque toutes femmes de mauvaises
« mœurs, d'allures hardies, et qui font profes-
« sion de débauche. Comment voulez-vous que,
« dans un pareil milieu, la vertu d'une jeune

« fille se conserve? On l'a dit avec raison : la
« prison en commun, c'est le noviciat de la
« récidive.

« Dans la prison en commun, au quartier
« des hommes, on recrute pour le vol et le
« vagabondage; au quartier des femmes, on
« recrute pour la débauche. »

Je sais bien et je m'empresse de constater
que les appréciations dont il vient d'être parlé
ou que je viens de reproduire ne sont généralement pas contestées, mais qu'on y objecte la
difficulté très-réelle d'imaginer, pour les contraventions et les petits délits, un autre système
de pénalité venant sanctionner les décisions
judiciaires. Il ne paraît pas, toutefois, qu'il soit
absolument impossible sinon de supprimer entièrement, au moins de restreindre dans une
forte mesure le chiffre des détenus appartenant
aux deux catégories mentionnées plus haut.

Ne pourrait-on pas substituer fréquemment
à la prison de fortes amendes pécuniaires, des
prestations en nature (¹), ou l'admonition telle

(1) Dans l'Etat de New-York, les condamnés coupables de
simples délits, vagabondage, ivresse, désordre de rue, petit
larcin, sont placés dans un *work-house* ou maison de travail. Le
pénitencier ne reçoit que de vrais criminels, tels que les voleurs,
les faussaires, etc. La prison d'Etat est destinée aux meurtriers,

qu'elle se pratique en Italie? Cela est d'autant plus admissible, que l'action judiciaire ne serait pas entièrement désarmée ou compromise par le non-paiement des amendes ou le refus de travail, puisque l'on aurait la facilité d'y ajouter en France la radiation pendant un certain laps de temps des listes électorales. A défaut d'un changement de législation, il y aurait au moins à inviter les juges de simple police à n'user qu'avec la plus grande circonspection de la peine de l'emprisonnement.

Des observations entièrement semblables s'appliquent aux petits délits jugés par les tribunaux correctionnels, et on doit même se demander s'il ne serait pas possible d'étendre à ces tribunaux le concours de l'institution du jury. On tiendrait plus fréquemment compte par ce moyen des circonstances atténuantes, de l'âge du délinquant comme aussi de ses antécédents ou de ses promesses de repentir. Le nombre des acquittements, qui est relativement peu élevé si on le compare à ce qui se produit

aux voleurs à main armée, aux incendiaires, quand la corde n'en fait pas justice. En 1871, les 5 prisons de New-York ont reçu 51,500 prévenus sur lesquels 21,000 ont été condamnés au *work-house* et 2,400 seulement au pénitencier. (*Le Monde américain*, par L. Simonin.)

devant les cours d'assises, atteindrait alors une proportion bien plus considérable.

Il est vrai qu'un problème de cette nature se lie à l'examen de graves difficultés d'organisation administrative et judiciaire, comme aussi, au point de vue pratique, à des considérations d'opportunité. Il est vrai aussi qu'un changement de cette importance dans la juridiction correctionnelle ne pourra se réaliser que sous l'influence d'un mouvement d'opinion publique dont on n'aperçoit même pas les premiers symptômes. Je suis cependant tellement dominé par le désir de voir pousser jusqu'à l'extrême limite du possible les concessions du pouvoir judiciaire en matière d'emprisonnement, que je crois devoir défendre de nouveau le principe de l'extension à donner aux attributions du jury.

Ne peut-on pas dire, à l'appui de cette thèse, qu'il s'agit non pas d'une innovation, mais bien d'un système qui est depuis longtemps en pratique chez les peuples les plus avancés en civilisation et surtout en matière d'organisation sociale?

Ne peut-on pas dire aussi que dans les pays où les citoyens ont obtenu une grande somme de droits et de priviléges politiques, il a été jugé indispensable de leur donner en même temps des devoirs et de leur faire assumer des responsabilités ? Ne doit-on pas ranger parmi les moyens d'élever le niveau moral du plus grand nombre l'obligation de voir de près les difficultés résultant des mille détails de la vie administrative et de la distribution de la justice ?

Au point de vue des principes et de l'unité du système judiciaire, il est bien évident que l'institution du jury ne peut être qu'entière-ment bonne ou entièrement mauvaise. On com-prendrait à la rigueur des exceptions touchant la presse ou des délits à propos desquels il y aurait à redouter la partialité des passions po-litiques, mais entre les prévenus et les accusés on n'aperçoit pas les motifs de la distinction. S'il fallait absolument faire un choix, il est bien positif même qu'il serait logique et plus équi-table de réserver à la juridiction correction-nelle (1) le profit des sentiments d'humanité,

(1) La moyenne des acquittements n'est que de 6 p. 100 en police correctionnelle, tandis qu'elle dépasse 20 p. 100 en cour d'assises. Et encore faut-il considérer que les précautions de procédure et les présomptions de culpabilité sont généralement plus grandes lorsqu'il s'agit des accusés qu'en ce qui concerne les prévenus.

des pensées de pardon qui viennent atténuer ce qu'il peut y avoir de sévère dans l'application par trop stricte de la loi pénale.

Maintenant que j'ai rappelé ce qui peut et doit se dire dans le but de restreindre les inconvénients des dispositions en vigueur touchant les petites peines d'emprisonnement, je tiens à ajouter que je ne me méprends pas sur le sort de mes propositions. Je sais très-bien qu'il faudrait l'intervention sinon d'un mouvement d'opinion publique, au moins de personnes bien plus autorisées pour qu'il fût possible d'obtenir promptement un changement de législation touchant les 60,000 individus qui, par l'effet d'une condamnation à quelques jours d'emprisonnement, viennent chaque année se familiariser avec l'aspect et la vie des prisons.

J'estime cependant que je n'aurais pas été inutile à la cause que je veux défendre si je parvenais à démontrer qu'il y a urgence de tirer parti du puissant instrument que la loi vient de mettre aux mains de l'administration en lui permettant, à défaut de mieux, de soustraire à tout danger de contact avec la population habituelle des maisons d'arrêt non-seulement les prévenus et les accusés, mais encore de nombreuses catégories de condamnés parmi lesquelles se trouvent celles dont j'aurais voulu voir décider l'élimination. Il est évident qu'on peut espérer de l'isolement individuel une solution relativement satisfaisante. On ne s'étonnera donc pas si je signale plus loin avec vivacité les obstacles qui s'opposent à la mise en application de la loi du 5 juin 1875 et si je recherche avec tant d'ardeur les moyens de triompher de résistances qui finiront, si on n'y prend garde, par rendre illusoires les mesures prises par l'administration dans le but de mettre en pratique le système de la séparation cellulaire.

CHAPITRE III.

MAISONS D'ARRÈT, DE JUSTICE ET DE CORRECTION
CELLULAIRES.

(PRISONS DÉPARTEMENTALES.)

Moyens financiers de mise à exécution de la loi du 5 juin
1875. — Programme pour la construction des bâtiments
cellulaires. — Travaux d'appropriation. — Administration
et surveillance. — Du travail en cellule. — Dispositions
disciplinaires concernant les detenus qui sont assujettis
au régime de la séparation individuelle.

----

§ 1. — Moyens financiers de mise à exécution de la loi du 5 juin 1875.

Il importe, pour se rendre compte de la portée et des moyens de mise à exécution de la
loi du 5 juin 1875, de bien examiner les prévisions relatives aux travaux de reconstruction
qui seront nécessaires pour mettre en pratique
le régime de la séparation individuelle.

Les 200,000 individus environ qui passent
chaque année par les prisons départementales

forment un effectif moyen d'à peu près 25,000 détenus dont les hommes composent d'ordinaire les quatre cinquièmes. Ces 25,000 détenus sont placés dans 382 maisons d'arrêt, de justice ou de correction, où, indépendamment de grands établissements contenant, comme à Paris et à Lyon, plus de 1,000 individus, on trouve aussi près de 175 petites maisons d'arrêt dont la population ne s'élève pas en moyenne à plus de vingt détenus. Dans un certain nombre de ces 175 petites maisons d'arrêt il n'y a même souvent que quatre ou cinq prisonniers nécessitant cependant la présence d'un gardien chef et d'une gardienne, parfois d'un gardien ordinaire, et impliquant, dans tous les cas, le concours d'un aumônier et d'un médecin.

Les 382 prisons dites départementales sont installées dans des bâtiments présentant toutes les variétés, tous les spécimens connus de constructions de ce genre. Les plus beaux édifices ont été organisés d'après les données du système dit des catégories, pendant la période de 1853 à 1870. On a construit, antérieurement à cette période, 60 prisons qui avaient été aménagées en vue de la mise en application du régime de l'isolement individuel, mais où, à l'exception de la maison d'arrêt Mazas, on a fini par revenir aux plus fâcheux errements de la vie en commun. En dehors des deux catégories de prisons susdésignées, le service des maisons d'arrêt ne dispose, dans beaucoup de localités, que de vieilles constructions (anciens couvents, vieilles tours, derniers vestiges d'anciens châteaux, etc.) absolument impropres et insuffisantes pour leur destination actuelle et ne convenant pas mieux aux besoins de l'administration pénitentiaire qu'aux exigences du service judiciaire ou même de la salubrité et de l'hygiène.

Ainsi donc il y aurait, en outre des travaux d'appropriation nécessaires dans les 60 prisons cellulaires, à pourvoir aux énormes dépenses qui seront occasionnées soit par la transformation, soit par la reconstruction des 322 autres prisons aujourd'hui en service. Il a été parlé de 63, de 100 et même de 150 millions pour faire face auxdites dépenses. Quel que soit le chiffre vrai des ressources qui seront demandées, il faudra évidemment bien de l'énergie et une infatigable persévérance pour mettre en bonne voie l'œuvre dont la loi du 5 juin 1875 n'a fait que tracer les principales bases.

L'administration pénitentiaire a fait étudier de suite la composition des bâtiments de chacune des maisons d'arrêt, de justice et de correction.

Il résulte d'une note très-explicite et très-détaillée, présentée au conseil supérieur des prisons par M. Choppin, qu'au 30 juin 1876 le régime de la séparation individuelle n'était appliqué qu'à Mazas et à la Santé. Dans les 59 autres prisons cellulaires on était en instance auprès des conseils généraux pour obtenir l'exécution des travaux de réfection ou d'appropriation devenus indispensables pour pratiquer, dans des conditions satisfaisantes, le régime de l'isolement. Suivant cette même note, des projets de transformation avaient été établis pour 6 maisons d'arrêt, et on se proposait, d'autre part, de reconstruire entièrement 17 prisons où, bien entendu, les nouvelles dispositions légales devront être observées. Voilà, par conséquent, 83 établissements sur 382, dans lesquels il est permis d'espérer la prochaine mise en vigueur du système de la séparation individuelle. Quant au surplus, il est à constater qu'il y a en général, dans les assemblées dé-partementales, sinon un mauvais vouloir, au moins une apathie, qui n'est certes pas de bon augure. Les hésitations qui se rencontrent pour faire voter de simples travaux d'appropriation, sont faites pour décourager la foi la plus robuste au succès d'une entreprise qui se trouve ainsi arrêtée dès le début.

M. le sénateur Bérenger a bien aperçu les difficultés qu'il va y avoir à surmonter. Je serais bien étonné si ce n'était pas à cette intention qu'il a provoqué tout récemment la création d'une Société générale des prisons. Il aura voulu sans doute susciter dans le pays un courant d'idées assez puissant pour dominer la situation, c'est-à-dire pour imposer à tous, par le fait de l'opinion publique, les sacrifices que comporte l'adoption du système cellulaire pour les prisons départementales.

J'ai bien peur, pour ma part, qu'il n'y ait encore à redouter, de ce côté, de fâcheuses déceptions. Bien qu'il soit facile de mettre en relief les considérations d'ordre public, de salut social, qui commandent de soustraire aux périls de la vie en commun les 200,000 individus qui entrent chaque année dans les maisons d'arrêt, de justice et de correction, il est bien à craindre que l'on ne s'intéresse pas assez vivement à une question de ce genre. Les généreux essais qui seront tentés dans ce sens seront certainement de quelque utilité, mais il n'y a pas à y chercher un levier suffisant pour vaincre la force d'inertie qui sera opposée le plus souvent.

Il faut avouer d'ailleurs, pour être tout à fait équitable, que la résistance de la plupart des conseils généraux est fréquemment justifiée par le manque de ressources ou par des circonstances budgétaires dont il leur est difficile de ne pas tenir compte. On ne saurait exiger de départements, où l'argent fait défaut pour les besoins les plus urgents, les plus immédiats, de contracter de nouveaux emprunts pour reconstruire des bâtiments qui, à la rigueur, peuvent encore rester affectés à leur destination.

Sans parler des divers changements de système, de modifications passagères et irréfléchies qui ont déjà occasionné depuis un demi-siècle de lourdes charges aux contribuables, il y a à constater, avec la majeure partie des conseils généraux, qu'il paraît excessif de consacrer, par exemple, une centaine de mille francs à la reconstruction d'une petite maison d'arrêt comportant un effectif de huit à dix détenus, et où, avec les frais de loyer, de garde et d'entretien, un prisonnier peut coûter parfois de 1,200 à 1,500 francs par an.

On a songé, pour en finir, à demander aux départements l'abandon des bâtiments des prisons, lesquels seraient alors devenus la propriété et une charge de l'État. La solution serait probablement bien onéreuse pour l'État. Ce serait de la centralisation à outrance dans des conditions dangereuses pour le trésor public. Il y aurait à faire établir à Paris, ou sur des ordres venus de Paris, les plans, les devis, et il y aurait à faire surveiller sur place l'exécution des travaux. Nous savons ce qui se produit avec les maisons centrales, et de quelle lourde responsabilité il s'agit. Avec les frais de reconstruction, le budget du service pénitentiaire atteindrait rapidement des proportions dont il serait peu prudent de ne pas voir toute l'importance.

Suivant les indications mentionnées plus haut, l'effectif moyen des prisons départementales peut être évalué, en chiffres ronds, à 25,000 individus. Malheureusement, il est à considérer, pour la construction ou l'appropriation des bâtiments cellulaires, qu'il y aura à faire la part, non-seulement des prévisions relatives aux accroissements accidentels (¹) ou permanents (²) du chiffre de la population et, partant, des augmentations probables du nombre des détenus dans les diverses localités, mais encore, en outre de ces prévisions, des dispositions portant que les condamnés à plus d'un an et un jour pourront être maintenus, sur leur demande, dans les maisons de correction cellulaires.

On peut admettre, il est vrai, que la réduction proportionnelle de la durée des peines et le bon effet d'ensemble de la loi du 5 juin 1875, expliqueraient, par contre, d'autres calculs touchant la diminution du nombre des détenus.

Quoi qu'il en soit, il est positif que, jusqu'à présent, les projets de reconstruction ont été établis et adoptés d'après des données : 1° sur un certain maximum d'effectif, 2° sur l'augmentation progressive de la population, 3° sur

(1) Une prison dont la population moyenne n'est que de 25 détenus peut recevoir parfois, dans le courant de l'année, jusqu'à 40 ou 50 détenus.

(2) Je veux parler des accroissements éventuels de la population dans chaque localité et partant de l'importance proportionnelle des bâtiments de la prison à construire.

une proportion de 45 p. 100 environ du nombre de condamnés à l'emprisonnement qui subissent actuellement leur peine dans les maisons centrales.

Or, il faut avoir, quant à présent, au moins 32,000 cellules ([1]) pour tenir compte des variations d'effectif. En y ajoutant 4,000 places pour les prévisions touchant de futurs accroissements, et 5,000 autres places seulement pour les condamnés à plus d'un an, on aurait en totalité à construire ou à approprier 41,000 cellules.

Il convient de défalquer de ce chiffre de 41,000, savoir: 1° 6,637 places nécessaires dans le département de la Seine, dont il n'y a pas à se préoccuper; 2° 3,056 cellules formant les 59 maisons cellulaires et où il ne reste plus qu'à exécuter des travaux d'appropriation; 3° environ 2,000 cellules qui vont être cons-

---

(1) Le chiffre maximum de 1874 est de 33,869 ; il est à noter qu'il faudrait encore le dépasser si on basait la fixation de contenance sur les effectifs maxima à un jour donné pendant un certain nombre d'années. Le programme pour la construction des bâtiments cellulaires a eu pour objet d'écarter des prévisions exorbitantes au point de vue de la dépense, en admettant la possibilité d'établir dans les combles des dortoirs communs qui ne seront mis en usage qu'en cas de circonstances très-exceptionnelles, c'est-à-dire lorsque le nombre des détenus sera inopinément porté à des proportions tout à fait anormales.

truites dans un laps de temps assez rapproché dans 17 arrondissements; 4° et enfin 2,000 autres cellules à trouver dans les 15 à 20 bâtiments en commun qui, d'après la note du 30 juin 1876, se prêteraient à une transformation en vue de la mise en pratique du régime de l'isolement individuel. Soit, et sous la réserve de ce qu'il y a de très-approximatif dans les deux derniers chiffres, 13,693 cellules en totalité.

Ainsi, il resterait à construire, en dehors du département de la Seine, environ 27,000 cellules, pour lesquelles il y aurait à trouver, en ne les comptant qu'à 3,500 fr. l'une, à peu près 95 millions de francs.

Il est certain qu'en s'en tenant au programme dont il vient d'être parlé, et dont il faut voir nettement les conséquences probables, on ne pourrait conserver l'espoir de faire observer non pas prochainement, mais même d'ici à un demi-siècle, les dispositions de la loi du 5 juin 1875. Je m'empresse de dire qu'il n'est peut-être pas impossible de réduire le chiffre, un peu effrayant, du montant de la dépense.

On doit examiner, en première ligne, ce qui

est relatif aux 175 maisons d'arrêt renfermant les plus petits effectifs. En général, ces prisons n'ont pas d'autre raison d'être que l'existence d'un tribunal correctionnel au chef-lieu d'arrondissement. Dans beaucoup de cas, le transfèrement serait aussi facile et aussi prompt s'il devait être dirigé vers le chef-lieu du département. Je n'ai certes pas la prétention d'exprimer un avis au sujet du maintien des tribunaux de première instance, et plus particulièrement de la chambre correctionnelle, dans tous les petits chefs-lieux d'arrondissement, mais j'estime qu'il n'est pas téméraire d'admettre la possibilité de modifications plus ou moins prochaines dans le mode de répartition actuel des tribunaux ci-dessus désignés.

Une décision en ce sens, ou même des mesures administratives ayant pour but de centraliser très-promptement, dans de grandes prisons bien organisées, une portion de l'effectif, rendrait inutile la majeure partie des constructions cellulaires concernant les 175 maisons d'arrêt renfermant de très-petits effectifs; on pourrait au moins, il me semble, tenir compte de ces éventualités en adoptant pour ces maisons un système de transformation

peu coûteux, qui serait encore préférable au
maintien du régime en commun. Il est possible, lorsque de pareilles mesures ne s'appliquent qu'à huit ou dix individus, de placer
tant bien que mal quelques cloisons en bri-
ques ou en planches, de diviser en plusieurs
parties et de chauffer avec un poêle quelques
grandes pièces, de façon à organiser, non pas
une prison cellulaire répondant même de loin
aux conditions du programme ministériel, mais
une prison où, en définitive, on pourra être sé-
paré et passablement isolé des autres détenus.
Je reconnais que ce que je propose a le caractère d'un expédient, mais il me paraît que ce que
j'expose sommairement plus haut en justifierait pleinement l'adoption.

Dans l'hypothèse, ou soit par le fait de la
suppression de certains tribunaux d'arrondissement, soit au moyen d'installations provisoires en vue de la séparation individuelle, on
aurait encore résolu la question de la dépense
touchant une centaine de petites prisons, il n'y
aurait plus qu'à trouver des ressources budgétaires pour environ 185 prisons départementales.

Il est probable que si on se décidait à sup-

puter non-seulement lés chances d'augmentation, mais aussi celles de réduction d'effectif,
la dépense totale, pour les 185 maisons res-
tant à construire, pourrait alors ne plus être
évaluée qu'à 50 ou 60 millions de francs, et
qu'il n'y aurait rien d'excessif à demander aux
départements, avec la promesse du concours
de l'État, l'allocation de cette somme en un
certain nombre d'annuités.

La coopération financière de l'État est absolument justifiée. En outre de puissantes considérations d'intérêt général qui peuvent être
invoquées, on doit tenir compte des réductions
qui seront apportées dans le montant des frais
d'entretien, qui sont maintenant à la charge
de l'État (¹), comme aussi de ce qu'un certain
nombre de cellules à construire, celles qui
sont destinées aux condamnés à plus d'un an,
sont en dehors des obligations départementales.

Il est d'ailleurs incontestable que les objections des conseils généraux ne sont parfois que trop fondées. Il leur est impossible,
notamment, de contracter des emprunts, sans
avoir un engagement formel, pour la portion

---

(1) Je veux parler de la réduction proportionnelle du quart de
la durée des peines.

qui devra être remboursée au moyen des subsides de l'État. Dans tous les cas, la situation
pourrait être examinée pour chacun des départements. Il suffirait sans doute pour en finir,
pour faire préparer partout des projets de reconstruction ou de transformation, de déclarer
qu'on va préparer un projet de loi pour déter-
miner la quote-part des annuités, puis de faire
remarquer aussi que ceux des départements
qui ne seraient pas compris dans la répartition
n'auront rien à attendre dans l'avenir. Je suis
convaincu qu'on verrait alors cesser bien des
hésitations, qu'on donnerait une impulsion active à la mise à exécution de la loi et qu'il n'y
aurait bientôt plus à craindre l'abandon au
moins partiel de ce qui constitue le principal
résultat de l'enquête parlementaire poursuivie
pendant plusieurs années par l'Assemblée nationale de 1871.

§ 2. — Des bâtiments cellulaires.

La situation, la forme et la distribution des
bâtiments, ainsi que le bon agencement des cellules, sont d'une importance de premier ordre
pour arriver à une mise en pratique aussi satisfaisante que possible du régime de la sépa-

ration individuelle. Il s'agit d'un genre d'édifices pour lesquels il y aura à mettre à l'épreuve la science et l'imagination des architectes, car il faut y bien envisager le plus mince détail de la vie du détenu, les nuances caractéristiques du régime pénitentiaire, et réduire cependant au plus strict nécessaire le montant de la dépense.

Le programme pour la construction et l'appropriation des prisons cellulaires qui a été préparé par l'inspection générale des prisons et adopté, avec quelques retouches, par le conseil supérieur, est basé en principe sur les données d'ensemble ci-dessus indiquées. Il y a été tenu compte d'expériences faites en France, en Belgique et en Angleterre. Le cadre dans lequel pourront se mouvoir les architectes est bien tracé sans être trop limité. Il leur restera certes encore assez de liberté d'action pour perfectionner progressivement les bâtiments cellulaires.

Ledit programme contient, en outre des observations techniques, des indications traduisant les intentions de l'administration pénitentiaire touchant l'organisation du système de l'isolement individuel. Je ne crois pas devoir négliger de mettre en vue le but que l'on a voulu atteindre au moyen de ces indications.

Le type le plus répandu de la prison cellulaire est généralement connu. Les bâtiments comprennent, en outre des locaux pour l'administration et les services généraux, des galeries ou ailes venant rayonner vers un point central d'où part la surveillance. Les promenoirs individuels sont construits sur l'espace de terrain laissé libre entre l'écartement des ailes ou galeries.

Il y avait à tenir compte tout particulièrement, pour les petites maisons d'arrêt, du chiffre de la dépense et de la possibilité d'obtenir une bonne surveillance au moyen d'un petit nombre de gardiens. On a choisi et indiqué par conséquent, pour cette catégorie d'établissements, des distributions permettant d'organiser une bonne prison cellulaire au moyen *d'un seul corps de bâtiment*. Les services administratifs sont placés à l'entrée ; dans l'axe de l'avant-corps se trouve la galerie, avec une rangée de cellules ; de chaque côté et au bout de ladite galerie, en contre-bas, on a les promenoirs individuels. Il est facile d'apercevoir les avantages d'une simplification dont les bons résultats économiques et disciplinaires ont déjà été constatés, notamment à Bourgoin (Isère), par exemple.

Le système des ailes ou galeries convergentes n'a été admis, avec quelques différences, que pour les prisons de moyenne et de première importance.

Il est certain que ces dispositions d'ensemble sont très-bien conçues, qu'elles éviteront la production de plans de nature à imposer de trop lourdes charges, et que partant elles faciliteront sensiblement la mise à exécution de la loi du 5 juin 1875.

Il a été profité des expériences déjà faites pour atténuer quelques-uns des inconvénients du régime de la séparation individuelle.

L'une des difficultés, ou plutôt la principale difficulté d'exécution, en ce qui concerne les bâtiments cellulaires, a été jusqu'à présent le service religieux, l'école, les conférences ; en un mot, tout ce qui s'adresse à la fois à l'ensemble de la population. On n'avait rien imaginé de mieux que d'entre-bâiller pendant la messe les portes des cellules, de façon à ce que chaque détenu pût apercevoir le prêtre officiant à un autel situé au rond-point central.

Quant à l'instruction scolaire et aux conférences en commun, il n'y avait même pas à y songer. Il n'est pas douteux qu'actuellement le service religieux, les cérémonies du dimanche ne répondent pas du tout à ce que l'on doit en attendre. C'est à peine si le prisonnier peut voir le prêtre. Il suffit d'avoir parcouru une seule fois les galeries d'une prison cellulaire pendant la durée des offices, pour pouvoir affirmer qu'il y a manque de recueillement, même d'attention, pour ne rien dire de plus.

Il y aura désormais, pour modifier un pareil état de choses, des cases individuelles placées en gradins et divisées par compartiments à l'entrée des divers étages des galeries. Chaque prisonnier sera à proximité du prêtre, de l'instituteur ou du conférencier, et il s'établira entre lui et eux des communications directes par le regard et la parole, sans que cependant il soit porté atteinte au principe de l'isolement pour chacun des détenus.

Des améliorations de détail, en concordance avec les intentions des auteurs de la loi nouvelle, ont été introduites dans l'agencement des cellules. Il restera cependant encore à étudier et à perfectionner sur bien des points tout ce qui concerne leur installation.

Le chauffage est bien coûteux lorsqu'il faut faire fonctionner un calorifère dans une petite maison où parfois la moitié et peut-être même les deux tiers des cellules peuvent être inoccupées. On se demande, lorsqu'on voit établir, au moyen de lampes disposées d'une certaine façon, des appareils de chauffage à gaz, s'il ne serait pas possible de résoudre la question du chauffage, dans certains établissements, en la combinant avec celle de l'éclairage par le gaz? Il conviendrait au moins d'établir des appareils de chauffage répartissant la chaleur par cellule ou par groupe de cellules et venant graduer, suivant les circonstances, la consommation du combustible.

On est, comme par le passé, à la recherche d'un bon modèle de fenêtres. On a renoncé aux petites ouvertures placées trop haut, lesquelles s'ouvrant en partie ou par le bas seulement ne donnaient pas en suffisante quantité l'air et le jour. Les croisées doivent donc être placées plus bas, devenir plus grandes et s'ouvrir entièrement, sans cependant fournir de points d'appui pour favoriser le suicide par suspension. Comme on le voit, il est peu facile de faire bien la part d'exigences aussi diverses et dont

quelques-unes semblent devoir être contradic-
toires. Des essais déjà faits permettent cependant d'espérer une bonne solution.

A cet égard, je ferai remarquer en passant
que l'on doit bien se préoccuper, à mon avis, des
dangers de suicide pour tout ce qui s'applique
non-seulement aux fenêtres, mais encore à tous
les objets mobiliers placés ou fixés dans la cellule. On a souvent négligé ces précautions qui
sont embarrassantes pour l'architecte, j'en con-
viens, parce que l'on alléguait l'impossibilité
absolue de mettre obstacle au suicide lorsqu'il
s'agit d'un individu ayant la ferme volonté de
mourir. Cette observation n'est fondée que
dans une certaine mesure. Puis, on a surtout
voulu obvier au premier effet d'un violent accès
de désespoir. Avec la suspension il faut des
secours immédiats ou un accident pour que la
mort ne se produise pas en quatre ou cinq
minutes. Il n'en est pas de même de la strangulation. Ce dernier mode de suicide exige bien
plus d'énergie morale, de persévérance dans son
dessein ; le décès arrive moins rapidement, et,
suivant que cela se produit dans un grand
nombre de tentatives, le patient se délivre de
lui-même lorsque les souffrances sont trop vives

ou lorsqu'il voit de très-près le commencement de son agonie.

A cet égard, les observations faites dans les prisons cellulaires sont très-concluantes. Il ne faut pas songer par conséquent à éluder celles des prescriptions du programme qui ont pour objet de ne laisser apparaître dans la cellule aucun point en saillie, ou tout autre formant moyen d'attache pour fixer solidement un lien et pour soutenir le poids d'un corps.

Je citerai encore, parmi les études à compléter, ce qui s'applique à l'organisation des parloirs.

Il est positif que le danger des communications avec le dehors, notamment pendant la période de l'instruction judiciaire, a fait conserver jusqu'à aujourd'hui, pour ce qui concerne les relations du détenu avec sa famille, des dispositions vraiment cruelles, qui rappellent les procédés barbares d'un autre temps.

Un intervalle de 60 ou 80 centimètres, fermé de chaque côté par des barreaux et des toiles métalliques, est laissé entre le prisonnier et la personne qui vient le visiter. Il faut crier pour s'entendre ; on croirait voir des bêtes fauves mises en cage. Les paroles d'affection, d'intimité sont impossibles. La femme ne peut embrasser son mari, un enfant ne peut embrasser son père ou sa mère.

Je suis convaincu, pour ma part, qu'en faisant bien la fouille des visiteurs et des prisonniers, il serait possible de ne plus avoir recours à une aussi excessive sévérité. Y eût-il même par-ci par-là quelques accidents, que la somme de bien qui serait obtenue en favorisant, sans empêchements humiliants, les relations de famille, dépasserait de beaucoup le mal, les inconvénients d'inhumanité d'un système frappant, en outre du détenu, des parents qui doivent s'assujettir à une sorte d'avilissement ou s'abstenir d'apporter des consolations à l'un des leurs qui, parfois, est encore présumé innocent.

Il me paraît, par exemple, que l'on pourrait à la rigueur avoir une ou plusieurs cases de parloir grillées pour les prévenus ou accusés écroués pour de graves motifs, et à propos desquels les magistrats demanderaient une certaine circonspection. Quant au surplus des prévenus, accusés, et, bien entendu, pour tous les condamnés, je suis partisan des communications directes, sans entrave matérielle, pourvu qu'elles

aient lieu dans un local *ad hoc*, sous la surveillance d'un gardien ([1]).

Il n'y a pas à oublier notamment que les
perfectionnements indiqués ou voulus ne doivent comporter aucun luxe dans la construction; on ne doit pas s'y départir d'une économique simplicité dans le choix des agencements
et des matériaux. La mise en application de la
loi serait retardée ou critiquée, si elle occa-
sionnait de trop lourdes charges pour les contribuables. J'estime qu'on ne devrait jamais
approuver des plans et devis impliquant en totalité une dépense de plus de 3,500 à 4,000 fr.
par cellule. Un chiffre proportionnellement
plus élevé ne paraît explicable que dans les
grandes villes, telles que Paris, Lyon ou Marseille. Il est à considérer à cet égard, que les
dispositions d'ensemble mentionnées au programme mettent en rapport avec le nombre des
cellules les constructions du service général.

C'est surtout à propos de la transformation
de celles des prisons en commun qui peuvent
être appropriées au régime de la séparation
individuelle, qu'il y aura à faire appel à l'esprit

[1] Il va sans dire que je n'engage ici, comme dans les autres
parties de cette publication, que mon opinion personnelle.

d'initiative des architectes et au bon vouloir des agents de l'administration.

Je suis de ceux qui pensent que des séparations quelles qu'elles soient, fussent-elles établies avec de légères cloisons, avec des planches même, sont préférables, dans les prisons départementales, au régime en commun.

Il y aurait donc à donner une très-large interprétation à cette partie des instructions administratives.

§ 3. Administration et service de surveillance.

Ce n'est pas seulement par le manque de ressources financières suffisantes que la mise à exécution de la loi du 5 juin 1875 pourrait être indéfiniment retardée ou en partie compromise.

L'organisation du régime de la séparation individuelle présentera en effet, dans la plupart de nos prisons départementales, des inconvénients d'un genre tout particulier et à propos desquels il n'y a aucune analogie à établir avec ce qui s'est produit dans d'autres contrées. Il n'y a point, par exemple, de comparaison à établir avec la Belgique, où la densité de la population et la petite étendue du territoire écar-

tent tout danger de négligence dans la direction
et le contrôle des agents chargés de la surveillance du service intérieur.

Les petites prisons belges sont au moins
aussi importantes que celles de la majeure
partie des chefs-lieux d'arrondissement du Nord
et du Pas-de-Calais, tels que Douai, Dunkerque,
Boulogne, Valenciennes, Avesnes, etc. Cela ne
ressemble en aucune façon aux obstacles qu'il
y aura à prévoir et à surmonter pour obtenir
un bon régime intérieur dans des villes telles
que la Châtre, Castellane, Chambon, et cent
autres, où le manque de prompts moyens de
communication, de facilités pour le travail et
aussi l'éloignement du directeur viendront entraver la bonne et judicieuse observation de la
loi.

Il ne faut donc pas se dissimuler que le problème à résoudre sera des plus graves, dans
le cas où, comme cela est à redouter, il n'y
aurait aucune chance de voir promptement disparaître une centaine de maisons d'arrêt où le
nombre des prisonniers ne dépasse pas en
moyenne de cinq à vingt détenus environ.

Le régime cellulaire n'est acceptable qu'au
moyen de minutieuses précautions de détail,

dont l'oubli peut avoir les plus funestes conséquences. Je me suis expliqué, lorsque j'ai ins-
pecté, vers 1861, quelques maisons d'arrêt
départementales où l'isolement individuel était
encore maintenu, au moins en apparence, à
quel point les premiers essais avaient pu être
décourageants. Une fois le détenu placé dans
sa cellule, on ne s'en inquiétait plus, pendant
des mois entiers, que pour la distribution alimentaire ou la promenade quotidienne. Peu ou
point de travail; jamais de visites. — Des livres
de lecture mal choisis ou en trop petite quantité; on n'avait rien prévu, en un mot, dans le
but de réagir énergiquement contre l'état de
prostration dans lequel tombent bien vite les
prisonniers qui sont purement et simplement
séquestrés sans qu'on leur procure soit des occupations un peu attachantes, soit de fréquentes
distractions. — Les malheureux qui subissaient
l'influence d'un pareil régime étaient ahuris,
hébétés par l'ennui et le chagrin de la solitude;
c'était positivement pitoyable.

Il est bien évident que l'administration pénitentiaire, qui a encore le souvenir du peu de
succès des premières tentatives, va faire en
sorte d'éviter de pareils accidents. Seulement il

n'y a pas à méconnaître, ainsi que je le faisais remarquer plus haut, qu'il n'y a eu à assumer nulle part une aussi lourde et aussi périlleuse responsabilité. On reconnaîtra qu'il est préférable, pour ne pas s'exposer à de nouveaux mécomptes, de bien voir la situation et de bien préparer à l'avance la réussite d'une aussi laborieuse entreprise.

Il convient de définir d'abord le but à atteindre; nous indiquerons ensuite les moyens d'action dont il faudrait disposer.

Les intentions du législateur de 1875 ont été très-explicites. Il ne s'agit plus du *solitary confinement* de Philadelphie, ni même de pousser à l'extrême les dispositions ayant pour objet d'assurer toujours et à toute heure l'efficacité de l'isolement individuel. Les tendances sont aujourd'hui bien plus humaines: on se propose simplement de limiter au strict nécessaire les moyens de séparation, puis d'établir tout un système de visites et d'occupations de nature à rendre aisément supportable le séjour en prison. En un mot, la cellule doit être un mode de préservation et non une mesure plus ou moins répressive.

Je ne saurais mieux montrer combien on

veut se garder de toute exagération de système,
qu'en faisant remarquer que les cuisines et
les buanderies cellulaires n'ont pas été mentionnées au programme pour la construction
des bâtiments, et que l'on se propose de ne
pas inscrire au règlement du service intérieur
des procédés d'isolement d'un caractère excessif, tels que, par exemple, l'usage du capu-
chon, qui, en Belgique, recouvre la tête du
prisonnier lors des mouvements dans l'établissement. Comme on le voit, il vaudrait mieux
à la rigueur qu'il y eût parfois quelques exceptions, relativement insignifiantes, à l'application
d'ensemble de la règle de l'isolement absolu,
plutôt que de se laisser aller à des précautions
puériles ou abusives qui ne seraient pas conformes au vœu de la loi et qui courraient risque
que de heurter le sentiment public.

Il importe donc, pour que les directeurs et
les agents placés sous leurs ordres s'acquittent
convenablement de la mission qui va leur être
confiée, qu'ils se rendent bien compte du caractère tout particulier de leurs nouvelles attributions. Avec le régime en commun, il y avait
à garantir tout d'abord, par de la fermeté et
parfois même de la sévérité, le maintien du bon

ordre et de l'obéissance disciplinaire. Pour ce qui est relatif aux prisons cellulaires, leur premier devoir aura pour objet de ne pas amoindrir les bienfaits relatifs de la séparation individuelle et surtout d'atténuer, par des mesures bien conçues et bien observées, les dangers incontestables de ce mode de séparation.

Le choix des mesures à prendre devra varier suivant les ressources locales, la composition du personnel et l'importance de la prison. On peut établir toutefois des données générales de nature à servir de point de départ pour chacun des règlements particuliers. A cet égard, je crois devoir rappeler des faits qui me sont personnels et qui s'appliquent à la maison d'arrêt cellulaire de Mazas.

C'était à la fin de 1859; il y avait environ un an que j'avais été appelé à la direction de ce grand établissement. Le nombre des suicides était en pleine recrudescence, il n'y en avait pas eu moins de 9 dans cette seule année. J'étais désespéré, mais je ne perdis pas courage. Il me parut qu'il était nécessaire, pour combattre le mal, d'en bien étudier les causes. Or, voici ce qui fut constaté en analysant attentivement les circonstances relatives aux divers suicides, lesquelles sont relatées avec soin sur un registre qui a une certaine célébrité et qui est connu sous le nom de *Livre des pendus.*

Suivant ce qui m'avait déjà été signalé, je remarquai que les cas de suicide et les tentatives de suicide s'étaient produits, le plus souvent, vers les premiers jours de l'incarcération et pendant la nuit. Les premiers effets de l'emprisonnement sont tout autres en cellule que dans le quartier en commun. Un prisonnier isolé, livré à lui-même, s'abandonne au premier moment à de vifs accès de repentir et de douleur morale ; les souvenirs de l'enfance, des saintes affections, lui reviennent avec une remarquable intensité. Dans le quartier en commun, au contraire, le même prisonnier serait vite amené à faire parade d'insouciance ou de cynisme. C'est à la différence des impressions, et non à la souffrance causée par la solitude, qu'il faut imputer les motifs des accidents du genre de ceux dont je viens de parler.

En ce qui concerne les suicides accomplis pendant une autre période de la détention, il fut manifeste que l'oisiveté, le manque de travail, avaient dû exercer une influence prédominante. Les auteurs de ces actes de désespoir étaient non pas, comme on pourrait le croire, des individus ayant reçu quelque éducation, et partant mieux en situation de voir les conséquences de la faute commise, mais, au contraire, des hommes s'adonnant aux travaux manuels et, le plus souvent, ne sachant ni lire ni écrire. Il devenait évident que le remède, pour ceux-ci, consistait à les distraire par une occupation quelle qu'elle fût.

Il était certain, par ailleurs, que la plupart des tentatives de suicide au moyen de la strangulation avaient pu être ou interrompues à temps ou combattues par des secours donnés avec une suffisante rapidité. On pouvait admettre, par conséquent, qu'il y avait au moins un grand intérêt à rendre très-difficultueux le suicide par suspension.

Le plus embarrassant n'était malheureusement pas de découvrir et de bien poser les termes de la question. On m'approuvait lorsque je parlais de faire supprimer tout moyen d'attache pour la suspension, ou encore de procurer du travail aux inoccupés, mais les employés de tout grade souriaient et traitaient de visée chimérique tout projet tendant à instituer un système de surveillance relativement efficace pour les arrivants. Comment, me disait-on, parviendriez-vous à établir des classifications basées sur l'état moral du prisonnier dans une maison de 1,200 détenus, où il y a chaque jour une vingtaine d'entrées, autant de sorties, et où il faut tenir compte d'un va-et-vient continuel, des changements de situation qui sont occasionnés par l'interrogatoire à l'instruction judiciaire, par le jugement de condamnation ou bien par des nouvelles alarmantes transmises au parloir ou par la correspondance ? On va voir cependant qu'il ne s'agissait que de bien vouloir pour réussir.

Dès les premiers jours de 1860, je m'imposai la tâche de visiter chaque jour, quelques instants après l'entrée en cellule, tous les arrivants. Après avoir fait en sorte de les réconforter par quelques paroles d'espérance ou de consolation, je les entretenais du motif de la prévention, de leurs relations de famille ou autres, et je parvenais ainsi le plus souvent à me fixer sur le choix des mesures à prendre. Pour le plus grand nombre, ceux qui n'étaient pas trop affectés, je faisais distribuer immédiatement des livres ou du travail. Il va sans dire que les livres et même le travail étaient appropriés à la condition sociale et au goût du détenu, et qu'on se serait bien gardé de faire lire des enfantillages à un homme un peu lettré, ou de donner des publications littéraires ou dogmatiques, ou même historiques, à un ouvrier. Nous avions pour ceux-ci les voyages, des livres illustrés, offrant tout ce qu'il faut pour distraire l'esprit et les yeux.

Il va sans dire qu'il y eut d'autres dispositions, même pour ce qui concerne cette première catégorie d'arrivants. Une plaque blanche, apposée sur la porte de la cellule pendant un laps de temps fixé au minimum à huit jours, montrait que la surveillance devait être incessante et que le bec de gaz devait être baissé et laissé allumé pendant la nuit.

Lorsque, à la première visite ou à tout autre moment, on apercevait un ensemble de symptômes faisant redouter quelque funeste tentative, le prévenu était placé aussitôt au rez-de-chaussée de l'une des galeries, à la 6e division, si je me souviens bien ; il y devenait l'objet d'une surveillance permanente de jour et de nuit, et de soins particuliers en ce qui touche les conversations, les démarches des aumôniers, etc.

Pour la grande masse de l'effectif, je pris
l'habitude de parcourir chaque jour une des
six galeries de 200 cellules chacune. Je me
faisais ouvrir toutes les portes : neuf fois sur
dix, il n'y avait qu'à jeter un rapide coup d'œil
pour examiner l'attitude du prisonnier, pour
voir s'il n'y avait pas eu négligence dans la distribution des livres et du travail, ou encore
pour assurer la méticuleuse propreté qui doit
régner dans le moindre recoin d'une maison
cellulaire. Quelquefois aussi les surveillants,
qui avaient fini par s'associer franchement à
mes efforts, appelaient mon attention sur quelque prisonnier ne consommant qu'une partie
de ses rations, refusant d'aller à la promenade,
ou accablé sous le poids d'une fâcheuse nouvelle ; puis je prescrivais les précautions nécessaires, après avoir bien examiné toutes les
particularités dont il convenait de faire la part.
On finit à la longue par acquérir une sorte
d'intuition qui fait vite pressentir un danger
sérieux. Il est à noter, par exemple, que le
prisonnier qui nourrit des idées de suicide est
sombre, préoccupé, et que très-souvent il ne
laisse rien voir, dans sa conversation, de son
si triste dessein. En général, ce sont ceux qui

annoncent bruyamment leur intention de se
donner la mort qui hésitent le plus à se tuer.

Dans les cinq autres galeries, des mesures
concertées avec les trois aumôniers et les
chefs de service devaient s'appliquer à des
investigations tendant au même but. Quant
au travail, il n'était possible de l'étendre, de
le généraliser, qu'en autorisant le concours de
nombreux contre-maîtres; or, il était difficile,
dans une maison d'arrêt composée, pour les
deux tiers, de prévenus, de faciliter des communications illicites avec le dehors. Il n'y avait
pas à se faire d'illusion, pas de contre-maîtres,
pas de travail. J'assumais la responsabilité
du choix de quelques détenus offrant des garanties de bonne conduite, et j'établis ainsi
par le fait une légère exception à la règle de
l'isolement absolu (¹). La modification n'était
certes pas dangereuse, c'était à travers le gui-
chet de la cellule que le contre-maître remet-
tait les matières premières et qu'il retirait les
objets fabriqués. En cas d'absolue nécessité,
on entrait dans la cellule, mais en présence du

(1) Ces exceptions sont inévitables A moins d'étendre à l'infini les dépenses, il faut bien se servir des détenus pour la
cuisine, les corvées, le service de propreté, les soins d'infir-
merie, etc.

gardien. Il est certain, quoi qu'il en soit des moyens d'action sus indiqués, que, grâce à ces nouvelles dispositions, le nombre des occupés, qui n'était que de 300 à 350 en 1859, put être porté à 800 en 1860.

J'arrive maintenant à la suppression des points d'appui pour accomplir le suicide par suspension. A ce sujet, il n'y avait qu'à relever, sur le registre des suicidés, les divers moyens d'attache qui avaient été utilisés. On s'était servi : 1° de la poignée de la tringle de la fenêtre; 2° des interstices existant entre le mur et une tablette placée au-dessus de la porte; 3° et enfin, le plus souvent, de l'angle aigu formé entre le mur et la fenêtre, lorsque ladite fenêtre avait été ouverte ou plutôt entre-bâillée à son plus large point d'ouverture.

Je vis bien qu'il aurait fallu de longs pour-parlers pour obtenir du conseil général l'allo-cation des fonds nécessaires à l'exécution des travaux. Je fus autorisé à employer quelques centaines de francs sur les frais d'entretien. Avec de petits bouts de planches qui furent débitées par un surveillant et clouées par des détenus de bonne volonté, on put fermer l'angle aigu des fenêtres et boucher les interstices entre les planchettes et le mur. Un serrurier inoccupé, et tout aussi bien intentionné, redressa les poignées de la tige en fer servant d'appareil de fermeture pour ces mêmes fenêtres. Enfin les tables des cellules furent scellées au mur à l'aide de deux petites fiches en fer. Le tout fut achevé en quelques jours et avec deux ou trois cents francs de dépense; comme on le voit, les finances du département avaient été bien ménagées, puisqu'on n'y avait consacré qu'environ 20 à 25 centimes par cellule. Et encore faut-il faire remarquer que les fiches pour fixer la table avaient coûté à elles seules à peu près 12 centimes.

Je n'entre dans tous ces détails que pour montrer qu'il est parfois facile d'établir à peu de frais les empêchements à apporter au suicide et que, grâce à la promptitude du procédé d'exécution, on put faire l'essai, à partir du 1er janvier 1860, de tout un système bien complet d'observations et de précautions.

Or, il n'y eut, dans toute l'année 1860, qu'un seul cas de suicide à Mazas, et, depuis cette époque, la moyenne annuelle, qui était de 5 à 6, n'a plus été que de un et demi environ pour un effectif comprenant au moins 5,000 entrées

trées par an. On ne pouvait être ni plus vite ni mieux récompensé.

Je présume bien que l'on aura à faire la remarque que le récit de ce qui s'est passé à Mazas peut avoir des aspects intéressants à plus d'un titre, mais qu'on ne saurait y trouver l'exemple de ce qu'il convient d'adopter pour donner une bonne ligne de conduite aux fonctionnaires et agents du service des prisons départementales.

Il est facile de démontrer qu'à cet égard les leçons de l'expérience peuvent toujours être mises à profit et qu'il suffira de modifier le mode d'application des dispositions disciplinaires pour arriver à d'aussi bons résultats.

On doit retenir en première ligne et imposer partout l'obligation, pour le chef de l'établissement, de visiter les arrivants le jour même de l'incarcération et de prendre, sans une minute de retard, des mesures ayant pour objet la distribution des livres de lecture et du travail, sans préjudice de la surveillance qui pourra être jugée particulièrement nécessaire. Il est impossible de laisser éluder sous aucun prétexte un pareil devoir. On doit le remplir exactement même les jours de fête et le dimanche.

Il est vrai qu'on ne disposera pas dans les petites prisons d'un personnel assez nombreux pour instituer des moyens d'observation permanente de jour et de nuit semblables à ceux dont il était question tout à l'heure. On ne doit pas oublier toutefois que le programme a prévu l'organisation de chambres de surveillance auprès desquelles on aura la facilité de faire coucher un gardien.

Indépendamment de ce qui est relatif aux nouveaux détenus, il faudra se rendre chaque jour dans toutes les cellules et disposer régulièrement d'un système de visites aussi fréquentes que possible, pour lesquelles on aura à demander le concours assidu de l'aumônier et des membres de la commission de surveillance.

Partout et toujours, el directeur, et, à défaut, le gardien chef, devra avoir pour principale préoccupation de s'enquérir des changements qui peuvent se produire dans l'état moral du détenu, soit en raison des circonstances de l'instruction ou du jugement, soit pour tout autre motif.

Il y aura enfin à ne pas négliger le précieux moyen d'action dont on va pouvoir faire usage non-seulement pour les cérémonies religieuses, mais encore pour l'enseignement scolaire, les conférences et les lectures en commun. Je veux parler des cases cellulaires dans lesquelles on se propose de placer les prisonniers qui assistent à la célébration de la messe.

A mon avis, l'administration centrale agirait prudemment en n'autorisant la mise en service d'une prison cellulaire qu'après avoir examiné et approuvé toutes les prévisions établies dans le but d'obvier aux inconvénients spéciaux du régime de l'isolement individuel. Je crois même que l'on devrait exiger, pendant les premiers jours, la présence du directeur de la circonscription et qu'il y aurait à l'inviter à s'entendre avec les autorités locales pour créer dès le début de bonnes traditions.

Il importe essentiellement que l'impulsion soit ferme et résolue, car il n'est pas douteux que la loi du 5 juin 1875 serait promptement discréditée dans l'opinion publique si l'on voyait se reproduire dans les prisons départementales le regrettable laisser-aller qui a jadis rendu odieuse et intolérable l'application du système cellulaire dans quelques petites maisons d'arrêt.

§ 4. Du travail en cellule.

Je viens de rappeler à quel point il est indispensable d'avoir un bon programme pour l'administration disciplinaire des maisons cellulaires. Il sera relativement facile d'obtenir du
personnel un concours actif et dévoué par
rapport au service de surveillance. La principale pierre d'achoppement viendra très-certai-
nement de l'insuffisance du travail à distribuer
aux détenus.

Il y a déjà à regretter, et c'est l'un des plus
sérieux inconvénients des petites maisons
d'arrêt et de correction, que les détenus vivant
en commun soient laissés souvent sans occupation. De nombreux faits de ce genre sont relevés chaque année par l'inspection générale;
des observations dans ce sens se trouvent consignées dans les rapports adressés à la commission d'enquête parlementaire par MM. Bournat, Voisin et Fernand Desportes. On signale
de toutes parts le danger d'abandonner ainsi
à l'oisiveté des individus qui restent livrés,
pendant des mois entiers à leurs habitudes de
paresse et aux conversations malsaines du préau
et du dortoir. Que sera-ce donc lorsqu'il s'a-

gira des prisons cellulaires? Il n'y aura plus à empêcher le contact corrupteur des autres détenus, mais on se verra en présence d'une masse de prisonniers qui seraient fatalement conduits à la folie ou au suicide si on avait négligé d'agencer à l'avance les distractions dont j'ai parlé plus haut et tout particulièrement la plus importante de toutes, celle qui s'obtient au moyen du travail.

Il est incontestable que le fonctionnement des ateliers est plus difficultueux avec la cellule qu'avec la vie en commun. Je m'empresse de dire cependant que, Dieu merci ! les obstacles, si grands qu'ils soient, ne sont pas insurmontables.

Les chômages aujourd'hui si fréquents dans les petites prisons, même chez les condamnés, sont plutôt occasionnés par la situation qui est faite à l'entrepreneur que par le manque absolu de travail dans la localité. Aux termes du cahier des charges, l'entreprise serait tenue d'avoir dans chaque ville un mandataire ayant à pourvoir aux soins et fournitures d'entretien des détenus, ainsi qu'aux divers détails de la mise en main et de la réception des objets fabriqués dans les ateliers de la prison. Or, l'ob-

servation de cette clause impliquerait l'allocation audit mandataire d'un traitement qui ne
pourrait être moindre de 500 à 600 francs
par an en regard d'un produit qui serait souvent loin d'atteindre une pareille somme. On
ne doit pas s'étonner par conséquent si un
entrepreneur ayant, par le fait de certaines
tolérances, la facilité du choix entre l'abandon
du travail et un marché comportant la fourni-
ture par un sous-traitant de ce qui est nécessaire à la nourriture des détenus vient à se
décider, neuf fois sur dix, pour celle des deux
combinaisons qui est la moins correcte, mais
qui est aussi moins embarrassante et bien
plus avantageuse. Il y aura incontestablement
à se prémunir contre ces tendances en admettant même l'hypothèse où il n'y aurait plus
qu'un nombre restreint de maisons d'arrêt où
l'effectif serait de peu d'importance.

La situation des prévenus et des accusés doit
aussi être particulièrement envisagée, car on
ne tient presque jamais compte de leur présence pour ce qui est relatif aux ateliers. On
trouve déjà que le profit est insignifiant avec
les condamnés, qu'adviendrait-il donc s'il fallait
satisfaire sur ce point les sollicitations de pré-

venus qui, au lieu de la moitié seulement du produit des salaires, auraient à en retenir les sept dixièmes ?

Il me semble que la question comporte deux solutions distinctes et qui pourraient être également efficaces.

Je suis absolument convaincu qu'avec du bon vouloir il sera presque toujours possible, soit de trouver sur place, soit de faire envoyer, au besoin, ce qui est nécessaire pour organiser des ateliers exigeant peu d'apprentissage et comprenant des travaux dont l'exécution en cellule serait réalisable. Les employés et agents auront d'ailleurs à prendre une part plus active à ce qui entrera désormais dans les obligations normales, régulières, du service de surveillance. On pourrait même accoutumer, dans certains cas, les gardiens à remplir les fonctions de contre-maître. Enfin, à la rigueur, je préférerais apercevoir dans un grand établissement quelques prisonniers circulant dans les galeries pour donner ou recevoir le travail, plutôt que de voir oisifs dans les cellules des détenus illettrés, privés par conséquent de toute distraction quelconque. Je veux parler, bien entendu, de relations qui seraient surveillées, c'est-à-dire sans danger d'aucune sorte. Il est positif que les bons effets de la séparation ne seraient nulle- ment compromis par de pareilles exceptions. On ne justifiera la préférence qui a été donnée au régime de l'isolement qu'à la condition de ne pas faire de cet isolement une souffrance en le poussant trop à l'extrême.

Ceci étant établi, il y aurait, suivant moi, soit à modifier les stipulations du cahier des char- ges de façon à ce que les entrepreneurs fussent tenus de *toujours* procurer de l'occupation aux prévenus et aux condamnés, soit à mettre le travail en régie et à intéresser, comme en Bel- gique, les chefs d'établissement à écarter toute probabilité de chômage.

La première de ces dispositions pourrait être très-onéreuse dans les plus petites mai- sons. On aurait à inscrire au contrat une forte pénalité pécuniaire en cas de manque de travail, afin d'éviter que les stipulations à ce sujet ne soient illusoires. Il pourrait arriver que l'on voulût faire payer par trop cher, surtout dans les premiers temps, nos exigences quant au travail.

Il est présumable que la régie, limitée à l'ex- ploitation des ateliers, serait le procédé le plus sûr d'atteindre le but auquel il faut parvenir. L'administration belge nous offre à cet égard un précédent et un exemple dont nous devons profiter. Bien que les plus petites prisons y renferment des effectifs déjà assez nombreux et qu'on y soit partout à proximité des voies ferrées et des centres industriels, on a reconnu qu'il était indispensable de faire aux directeurs des établissements pénitentiaires secondaires une situation toute spéciale.

Voici ce que dit à ce sujet M. Voisin dans son rapport sur le régime des prisons en Belgique :

« Ce sont les directeurs qui doivent, sous « leur responsabilité personnelle, rechercher « les travaux et se mettre dans ce but en rap-« port soit avec les ministères, soit même avec « les simples particuliers. Leur intérêt person-« nel est donc directement engagé à empêcher « tout chômage ; car, indépendamment du trai-« tement qu'ils reçoivent de l'État, ils peuvent, « sur le produit du travail des détenus, préle-« ver une somme maximum de 2,000 francs. « L'administration belge se félicite de ce sys-« tème qui, soumis à un contrôle sérieux, n'a « jamais donné lieu à aucun abus.

« Le personnel des gardiens nous a paru
« généralement bien composé ; une école spé-
« ciale a été créée pour eux, il y a quelques
« années déjà, au pénitencier de Louvain. Leur
« organisation est assurément digne de la plus
« sérieuse attention, car elle leur assure auprès
« des détenus une situation bien supérieure à
« celle de nos gardiens en France. Une double
« mission leur est en effet donnée par les
« règlements.

« L'homme préposé à la surveillance des
« prisonniers n'est pas seulement leur geôlier,
« il est en même temps leur maître d'appren-
« tissage ; grâce à ce double caractère, il leur
« inspire une grande confiance. Il cesse d'être
« un agent exclusif de répression ou d'intimi-
« dation et devient véritablement auprès d'eux
« un agent de moralisation. »

Des dispositions de même nature seraient
aussi bien justifiées et encore plus nécessaires
en France, notamment dans les petites maisons
d'arrêt. Le personnel actuel de directeurs et de
gardiens-chefs présenterait toutes les garanties
désirables pour une organisation basée sur les
mêmes principes. Il n'y a plus aucune analogie
à établir entre les gardiens-chefs d'il y a vingt

ans et ceux qui sont maintenant placés à la tête de nos prisons d'arrondissement. Le nouveau mode de recrutement, qui est basé sur un examen préalable portant sur l'instruction et les connaissances pratiques, nous a procuré des préposés en chef qui sont alertes, intelligents et doués d'excellentes aptitudes. On peut en attendre maintenant un concours tout différent.

J'estime donc qu'en général nos chefs d'établissement parviendraient à organiser par eux-mêmes le travail en cellule si on leur allouait une part proportionnelle graduée suivant l'importance et la progression du chiffre total du produit, sous la réserve du maximum de 2,000 francs fixé en Belgique.

Il va sans dire qu'en outre de cet avantage le succès serait aussi un titre à l'avancement, et que d'autre part on supprimerait les allocations en cas de négligence, lorsque notamment on n'aurait pas su procurer du travail à tous ceux des détenus qui demanderaient à être occupés.

Les agents du service pénitentiaire, ainsi stimulés et encouragés, seraient invités à réclamer des renseignements et une certaine aide soit des autorités locales, soit des membres de la commission de surveillance.

De son côté, l'administration centrale pourrait faire établir des nomenclatures de travaux convenant au régime de l'isolement, ainsi que des indications sur les ressources se trouvant à portée de chacune des circonscriptions. Il y aurait en plus à faire appel, en cette circonstance, à divers moyens d'action, tels que l'insertion aux marchés de la guerre d'obligations portant que certains travaux d'une exécution facile seront réservés aux ateliers des prisons départementales, ou bien encore à des stipulations semblables touchant la fabrication des boîtes à l'usage de la compagnie qui a le monopole de la vente des allumettes chimiques.

Les excitations de nature à donner au détenu le goût du travail ne devraient même pas être omises, afin de ne laisser en oubli aucune chance de réussir. J'exposerai plus loin, à propos du régime intérieur, ce qui me paraît devoir être proposé à cet égard.

Il serait, on en conviendra, bien peu probable qu'un pareil ensemble de mesures tendant toutes au même but n'eût pas de résultats satisfaisants. Ce qui est hors de doute, par

exemple, c'est l'absolue nécessité de ne permettre la mise en service d'une prison cellulaire qu'après avoir obtenu à l'avance l'entière
certitude d'y donner du travail à toutes les catégories de détenus. Il vaudrait mieux retarder
cette mise en service que d'y débuter avec les
inconvénients qu'offriraient, au point de vue des
ateliers, quelques-unes des clauses du cahier
des charges actuellement en usage dans les
prisons départementales.

§ 5. Régime des prisons cellulaires.

Il n'y a pas à s'occuper, à propos du régime
des prisons cellulaires, de ce qui peut être relatif aux prévenus et aux accusés. Les détenus
de cette catégorie ont droit à des immunités
qui ne leur sont pas refusées par le règlement
du 30 octobre 1841 et qui, bien entendu, devront être maintenues avec le système de la
séparation individuelle.

En ce qui concerne les condamnés, il importe,
pour bien voir la portée des mesures qu'il conviendrait d'adopter, de préciser d'abord leur
situation au point de vue du degré de pénalité.

L'échelle des peines et les dénominations pénales inscrites dans nos Codes ont cessé depuis longtemps d'être en concordance avec la réalité des faits. En 1810, lors de la mise en vigueur du Code pénal, on pouvait attacher une signification spéciale, apercevoir une plus sérieuse sanction aux condamnations aux travaux forcés, à la réclusion, à la détention, à l'emprisonnement, etc. Il n'en est certes plus de même aujourd'hui. On m'a souvent demandé, par exemple, ce que veulent dire les mots « travaux forcés » ? Il faut répondre qu'il s'agit quant à présent de la transportation avec une obligation de travail moins rigoureuse que dans les maisons centrales. Y a-t-il au moins une différence quelconque entre la réclusion et l'emprisonnement à plus d'un an ? Aucune. — Le régime est semblable, sauf une réduction dans la répartition du produit du travail. — Quant à la détention, qui devrait impliquer le séjour dans une enceinte fortifiée, on la subit partout, excepté dans des forteresses.

Les conditions diverses du régime intérieur offrent de pareils non-sens et de plus fâcheuses anomalies. Pour l'alimentation, les condamnés à plus d'un an de prison sont mieux traités que les condamnés aux plus petites peines. —

D'autre part, l'existence du condamné aux travaux forcés est bien plus douce que celle du condamné à l'emprisonnement ou à la réclusion, qui est renfermé dans une maison centrale.

Tous les criminalistes signalent et critiquent les imperfections ou, pour mieux dire, les contradictions d'une législation pénale qui ne répond plus ni aux exigences de protection sociale, ni à celles d'une équitable répartition de la nature des peines et de la répression.

J'ai déjà rappelé incidemment les constatations faites à ce sujet, en indiquant pour chacun des trois principaux degrés de criminalité des dénominations qui seraient mieux en concordance avec la réalité des faits, telles que, par exemple : pour les petites peines, l'*emprisonnement;* pour les condamnations d'une gravité intermédiaire, la *réclusion pénitentiaire;* et enfin, au plus haut degré de criminalité, la *servitude pénale.*

Au point de vue où je me place, le régime s'appliquant à chacune des trois catégories de pénalités et d'établissements serait de plus en plus rigoureux, suivant la progression relative du degré de criminalité. C'est donc dans cet ordre d'idées que j'étudierai le programme des mesures disciplinaires à mettre en usage dans les maisons de correction cellulaires.

Lors des premiers essais de mise en pratique du régime de la séparation dans les prisons départementales, soit il y a près de vingt-cinq ans déjà, un règlement concernant celles desdites prisons où la règle de l'isolement pouvait être observée, fut adopté à la date du 13 août 1843. La plupart des dispositions inscrites audit règlement ont pour objet de prévoir et d'assurer la séparation individuelle. Pour le surplus, c'est-à-dire le régime alimentaire, le costume, les obligations au point de vue de l'ordre et de la discipline, on se réfère au règlement général du 30 octobre 1841. En conséquence et pour ne parler que des questions de première importance, les condamnés dont il s'agit doivent être, quant à présent, soumis dans une prison cellulaire, savoir :

Au port du costume pénal ;

A la privation de vin, de cidre, de toutes boissons fermentées et de spiritueux ;

A la privation de tabac ;

A un régime alimentaire d'une certaine sévérité aussi bien pour les distributions régle-

mentaires que pour celles qui sont faites à la cantine ;

Et enfin à l'obligation du travail.

Les conditions du régime sont semblables, sur bien des points, à ce qui est imposé aux condamnés des maisons centrales. Il faut reconnaître que le régime en commun ne se prêtait pas à des différences plus sensibles ; mais il n'en sera plus de même avec la séparation individuelle qui exerce par elle-même une influence comminatoire et répressive d'une incontestable efficacité.

On pourrait donc profiter de la mise en vigueur de la loi du 5 juin 1875 pour instituer, au plus bas degré de criminalité, un ensemble de dispositions d'une douceur relative qui permettraient de bien caractériser la nature des peines de cette catégorie.

Avec la cellule, les petites condamnations à l'emprisonnement peuvent être limitées, sans inconvénient, à une sorte de privation pure et simple de la liberté n'entraînant que l'observation de certaines mesures d'ordre et l'obligation du travail.

On ne voit pas la nécessité d'astreindre à l'humiliation de revêtir le costume pénal un condamné à moins d'un an, qui ne doit jamais être aperçu par ses codétenus.

Il n'est pas douteux que la question des distributions alimentaires et de la privation de tabac, de vin, etc., sera plus controversée que celle du costume. Des explications un peu plus développées paraissent par conséquent nécessaires. Je n'ai certes jamais montré la moindre hésitation dans mes préférences pour le régime cellulaire, et je crois pouvoir dire que la loi du 5 juin 1875 n'aura bientôt que des approbateurs lorsqu'il aura été possible de s'y conformer dans de bonnes conditions. On ne saurait nier toutefois que la séparation individuelle pourra sembler rigoureuse à bien des individus qui ne se rendent pas suffisamment compte de la portée bienfaisante du nouveau régime. Ne serait-il pas juste de faire un peu la part de cette considération et de compenser les différences dans le mode d'emprisonnement par quelques modifications à apporter aux règles disciplinaires ?

On doit admettre aussi que la vie en cellule n'est pas des plus favorables au point de vue de l'état sanitaire. Le changement aux conditions normales de l'existence humaine ne devrait donc pas être aggravé par la trop brusque et trop radicale suppression de certains aliments et même de certaines habitudes, telles que, par exemple, celle de faire usage de tabac à fumer ou à priser.

Je proposerais, pour ma part, de favoriser une sorte de péréquation entre la prison en commun et la prison cellulaire au moyen de plusieurs améliorations de régime venant compléter et encore mieux accentuer ce qui a déjà été accordé au moyen de la réduction proportionnelle de la durée de l'emprisonnement. J'y verrais avant tout la bonne et judicieuse organisation de ce qui est relatif aux adoucissements qui doivent donner un caractère particulier à l'emprisonnement en matière de petites peines.

On pourrait d'ailleurs tirer parti des nouvelles dispositions réglementaires pour différencier le régime entre les condamnés jusqu'à un an et un jour et ceux qui, frappés d'une condamnation de plus longue durée, auront demandé à rester dans les maisons départementales cellulaires. Il y aurait aussi à user de la cantine, notamment des ventes de vin et de tabac, comme d'un stimulant pour le travail ou

d'un moyen de réprime   s infractions aux
règles sur la discipline.

Quoi qu'il en soit et sans vouloir rien ajouter,
quant à présent, à la nourriture distribuée aux
frais de l'État, il est bien positif qu'il est devenu utile d'examiner si les condamnés aux
plus petites peines (jusqu'à un an et un jour
d'emprisonnement) ne devraient pas être dis-
pensés de revêtir le costume pénal et s'il ne
conviendrait pas de les autoriser à acheter à
leurs frais à la cantine, savoir :

Des rations de viande ou de ragoût ;

Une quantité déterminée de vin, de cidre, de
bière ou de tabac.

Suivant les motifs indiqués plus haut, ces
achats pourraient être subordonnés à l'accomplissement d'une tâche de travail, ou même
n'être effectués qu'au moyen de la part revenant au détenu sur le montant des salaires qui
lui seraient alloués.

———

CHAPITRE IV.

MAISONS CENTRALES DE FORCE OU DE CORRECTION. — PÉNITENCIERS AGRICOLES. — TRANSPORTATION.

Destination et régime des maisons centrales de force et de correction. — Ensemble des dispositions disciplinaires. — Mise en usage des tickets — Création de dortoirs cellulaires — Emploi de la journée du dimanche. — Conférences morales et religieuses — Régime économique. — Travail. — Inconvénients de la transportation

Il a été expliqué plus haut que le nombre des individus des deux sexes, y compris les jeunes détenus qui entrent chaque année dans les maisons d'arrêt, de justice et de correction départementales, peut être évalué à 200,000 environ, défalcation faite des entrées par voie de transfèrement. Sur ces 200,000 détenus on en compte à peu près 180,000 qui sortent de ces prisons soit par acquittement, ordonnance de non-lieu, etc., soit par expiration de la peine. Il reste, par conséquent, à s'occuper de 20,000 individus dont plus des deux tiers sont dirigés sur les maisons centrales de force ou de correction et les colonies pénitentiaires de jeunes détenus, savoir : maisons centrales, environ 10,500 (¹); colonies pénitentiaires, 3,800.

Le surplus des 20,000 prisonniers ci-dessus mentionnés comprend, en partie, les condamnés aux travaux forcés.

Nous allons nous occuper d'abord des 10,500 condamnés à plus d'un an (²) qui renouvellent chaque année une partie de la population des maisons centrales de force et de correction et qui vont y faire un séjour variant de un an et un jour à vingt ans de durée, mais dont la moyenne est seulement d'un peu plus de deux ans.

On a établi depuis quelques années des établissements spéciaux pour les condamnés à l'emprisonnement, pour les réclusionnaires ainsi que pour les femmes condamnées à la peine des travaux forcés, lesquelles font aussi partie de l'effectif des maisons centrales.

Au 31 décembre 1874, ces derniers établis-

---

(1) Le transfèrement dans les pénitenciers agricoles de la Corse est précédé d'un séjour en maison centrale.

(2) Aux termes de la loi du 5 juin 1875 les condamnés à un an et un jour d'emprisonnement sont compris parmi ceux qui *devront* être assujettis au régime de la séparation individuelle.

sements renfermaient 16,511 hommes et 3,638 femmes, répartis comme suit :

Albertville	434	hommes.
Aniane	803	—
Beaulieu	973	—
Clairvaux	2,002	—
Eysses	1,229	—
Fontevrault	1,762	—
Gaillon	1,103	—
Loos	1,457	—
Melun	1,054	—
Nîmes	1,362	—
Poissy	1,175	—
Riom	840	—
Casabianca (pénitencier agricole)	886	—
Castelluccio —	500	—
Chiavari —	931	—

Maisons centrales de femmes.

Auberive	563
Cadillac	472
Clermont	853
Doullens	546
Montpellier	545
Rennes	659

Cet effectif total de 20,149 condamnés était, comme d'ordinaire, composé en majeure partie de récidivistes, puisque 14,000 d'entre eux avaient des antécédents judiciaires plus ou moins graves.

Il faut constater qu'en général il est bien difficile d'amender, de ramener au bien la plupart des malfaiteurs de profession, des incorrigibles vagabonds qui forment ce contingent de 14,000 condamnés ayant déjà subi des peines de différente nature, soit dans les prisons départementales, soit dans de grands pénitenciers. Il n'y a quelque espoir à garder que pour les non-récidivistes et plus particulièrement en ce qui concerne les femmes condamnées, notamment celles qui ont été jugées pour des faits d'infanticide.

La proportion des récidivistes s'accroît le plus souvent avec le degré de criminalité, et il doit en être ainsi à propos des condamnés à plus de cinq ans de servitude pénale, qui forment l'objet exclusif des dispositions de réforme pénitentiaire qui ont été mises en vigueur en Angleterre et en Irlande.

Il est certain que les auteurs de la loi de 1875 ont été bien mieux inspirés en se proposant d'enrayer le mal dès le début, en isolant d'abord et avant tout les prévenus, les accusés et les condamnés à de petites peines, parmi lesquels il y en a un grand nombre qui franchissent pour la première fois le seuil d'une prison.

Pour ce qui concerne les grands pénitenciers, c'est-à-dire les maisons centrales, les membres de la commission d'enquête parlementaire se sont judicieusement abstenus de demander, quant à présent, la mise en application du système cellulaire (¹). Il leur a paru sans doute qu'il était impossible de réformer d'un seul coup toute notre organisation pénitentiaire, et aussi, ainsi que je l'ai déjà fait remarquer, qu'il était prudent de ne pas susciter des controverses qui eussent été bien ardentes s'il se fût agi d'isoler individuellement les condamnés à des peines de longue durée. L'extension du système de la séparation s'imposera d'elle-même lorsqu'il aura été possible de constater les bons effets de ce système dans les prisons départementales.

D'autre part, la question du travail, qui sera si difficilement résolue dans les petites prisons, est encore plus aléatoire en ce qui touche les grands ateliers des maisons centrales.

(1) On ne doit pas perdre de vue que les condamnés à plus d'un an d'emprisonnement pourront être admis sur leur demande à bénéficier des dispositions de la loi sur le régime de la séparation individuelle.

En ce moment les modifications à apporter au régime des grandes prisons pour peines s'appliquent donc à l'état de choses actuel, et c'est dans cette mesure, qui offre encore un large champ aux améliorations, que doivent être limités les efforts de l'administration péniten- tiaire.

Je crois qu'il est permis d'affirmer, sans crainte d'être contredit, que nos pénitenciers conti- nentaux peuvent soutenir toute comparaison avec les établissements du même genre dans les autres parties de l'Europe.

Il y a peut-être chez nous moins de beaux et vastes bâtiments construits en vue de leur destination spéciale, moins de mise en scène, surtout dans le choix de procédés disciplinaires, ayant pour but de frapper l'imagination de la masse du public. En somme, nos maisons cen- trales sont positivement bien administrées et leur régime est sérieusement efficace au point de vue de la répression et de l'intimidation. Leur influence comminatoire est de beaucoup su- périeure à ce qui s'obtient au moyen de la transportation, soit par la peine des travaux forcés.

Quant à l'amendement des coupables, qui doit

former le troisième terme de tout bon programme pénitentiaire, je ne saurais prétendre qu'il puisse être obtenu dans une proportion à peu près satisfaisante. En outre des empêchements ou plutôt des excitations contraires de la vie en commun, il faut considérer que les tentatives de réforme morale s'appliquent neuf fois sur dix à des individus foncièrement gangrenés par de mauvais instincts, des habitudes de vice ou de débauche, et irrémédiablement corrompus par la fréquentation des prisons. On ne peut trop le répéter, et je reviens sans cesse à cette observation, qu'on ne peut réussir à entraver la progression du mal que dans les maisons de début et qu'il est presque toujours trop tard dans les grands pénitenciers.

Je ne veux cependant pas conclure de ce qui précède qu'il n'y a rien à attendre de mesures ayant pour but l'amendement des condamnés qui ont atteint ce que j'appellerai le deuxième degré de criminalité (emprisonnement à plus d'un an et réclusion). Il s'agit sur ce point de devoirs que nous sommes tenus de remplir, si faibles que puissent être les chances de succès. Un coup d'œil jeté sur le régime disciplinaire des maisons centrales permettra de se rendre compte de ce qui a été fait et de ce qui pourrait encore être prescrit dans cet ordre d'idées.

Les condamnés du deuxième degré se subdivisent en trois principales catégories : 1° les non-récidivistes, pour lesquels il a déjà pu être créé huit quartiers spéciaux dits d'amendement(¹); 2° les individus notoirement immoraux ou dangereux, formant l'effectif des quartiers d'isolement individuel; 3° et enfin tous les condamnés non compris dans les deux catégories qui viennent d'être désignées, soit plus des trois cinquièmes du chiffre total de la population.

La récidive concernant des peines à plus d'un an de durée se trouve frappée et atteinte par des diminutions graduées du nombre des dixièmes alloués au condamné sur le produit de son travail et par l'exclusion de la majeure partie des emplois qui peuvent être confiés à des détenus (moniteurs, contre-maîtres, prévôts, infirmiers, etc.).

De sérieuses garanties ont été ménagées en ce qui touche la justice disciplinaire. Il y a chaque jour une audience de prétoire où le directeur, entouré d'assesseurs, prononce les pu-

(1) Aniane, Beaulieu, Clairvaux, Eysses, Fontevrault, Gaillon, Melun, Poissy, Cadillac et Clermont.

nîtions sur le rapport écrit du gardien et après avoir entendu l'inculpé. C'est aussi à cette audience que l'on entend les réclamations des détenus.

Un compte de statistique morale est ɔuvert à chaque condamné. Les indications qui s'y trouvent inscrites, tant au sujet des antécédents judiciaires que de la conduite dans l'établissement, font partie des éléments d'information.

Le condamné est 'encore protégé contre tout danger d'un abus d'autorité par le droit de faire parvenir aux autorités des réclamations qui peuvent être transmises sous pli cacheté, et enfin par l'usage établi depuis longtemps d'être entendu en audience particulière par les inspecteurs généraux en tournée d'inspection.

Certaines sévérités de régime, telles que l'observation de la règle du silence, l'obligation stricte du travail suivant une tâche journalière fixée à l'avance, la promenade à la file, la privation de tabac, de vin, de spiritueux et de toute boisson fermentée, ainsi que la composition du régime alimentaire ('),donnent à l'existence du

(1) Pain, ration journalière 840 grammes y compris le pain de soupe.
Le lundi, le mardi, le mercredi, le vendredi et le samedi,

condamné un caractère d'austérité suffisante pour qu'il envisage avec effroi le danger d'un retour à la maison centrale.

Les remises de peines constituent, avec les allocations de dixièmes supplémentaires et la désignation à quelques emplois, les principales récompenses.

Quelques directeurs sont d'avis, et je partage cette manière de voir, que le programme des récompenses est bien restreint et surtout qu'il ne s'applique pas *d'assez près* à la conduite tenue par chacun des condamnés. Il y aurait, à cet égard, à faire quelques emprunts au système de marques usité en Irlande. Le ticket, qui sert à constater jour par jour les signes de repentir, de goût au travail, de retour au bien, pourrait être utilisé avantageusement dans nos pénitenciers. L'obtention de bons points, dont le chiffre proportionnel serait déterminé suivant la durée de la peine, pourrait créer des titres à une inscription sur le tableau des grâces, ou encore, à

deux soupes maigres de 4 décilitres et une pitance de 3 décilitres de pommes de terre, de légumes secs ou de riz.

Le dimanche et le jeudi, une soupe grasse contenant 5 décilitres de bouillon, une portion de 60 ou de 75 grammes de viande cuite et désossée et une pitance de 3 décilitres de pommes de terre ou de riz.

un certain moment, à l'admission aux chantiers extérieurs ou à tout autre régime intermédiaire, tel que la transportation avec la mise en liberté conditionnelle.

Des mesures de préservation devraient aussi être adoptées afin de laisser moins d'intensité aux dangers de corruption par la vie en commun. En outre de l'extension à donner aux quartiers d'isolement, renfermant les individus d'une immoralité exceptionnelle, il y aurait à mettre en pratique quelques dispositions se rapprochant des tendances actuelles en matière d'emprisonnement. Je mentionnerai, en première ligne, l'observation, aussi large que possible, des articles 2 et 3 de la loi du 5 juin 1875, portant que les condamnés à un an et un jour seront retenus dans les maisons de correction cellulaires, et que les condamnés à un emprisonnement d'une durée plus longue pourront aussi demander leur maintien dans lesdites maisons cellulaires. Je suis certain que mes collègues auront reçu comme moi, dans leurs dernières tournées d'inspection, de vives et nombreuses sollicitations, qui sont de bien bon augure, puisqu'elles montrent que les condamnés non entièrement pervertis, ceux qui ont de bonnes intentions pour l'avenir, comprennent le but et la portée de la loi sur les prisons départementales.

Malheureusement il faudra sans doute attendre de longues années pour que toutes ces demandes puissent être accueillies, et il importe que des espérances de cette nature ne servent pas de prétexte à la moindre négligence dans la recherche de tout ce qui peut établir des séparations relatives. Or, une mesure qui peut être immédiatement appliquée, aussi bien dans les maisons centrales que dans les colonies de jeunes détenus, donnerait de bons résultats dans ce sens. Je veux parler des dortoirs cellulaires, dont la création permettrait d'obtenir, pour le service de nuit, une sorte d'isolement individuel qui formerait un régime dans le genre de celui qui est connu sous le nom de système d'Auburn.

Le séjour au dortoir, tel qu'il se pratique actuellement, est positivement un affreux supplice au physique et au moral pour quiconque n'a pas perdu tout sentiment de dignité humaine. Il faut avoir parcouru au milieu de la nuit ces immenses salles où des centaines d'individus sont réunis et placés à des distan-

ces de 50 ou 60 centimètres d'intervalle, pour
se faire une idée de ce que peut être le
dortoir d'un pénitencier ! Il faut, pour le savoir, avoir vu ces malheureux ainsi alignés côte
à côte, en proie, l'un à l'insomnie, l'autre au
cauchemar, celui-ci guettant le moment où il
pourra satisfaire quelque passion honteuse,
un autre allant chercher sous la lampe la ver-
mine qui trouble son sommeil. Il faut enfin
pour bien comprendre ce qui en est, que
l'on ait respiré cette atmosphère empoisonnée
par de fétides émanations corporelles, et par
les miasmes qui se dégagent des baquets
de vidange dont chacun va faire usage tour à
tour (¹).

C'est au dortoir que s'établissent les longues
conversations à voix basse de lit à lit, les excitations au crime et aux passions contre nature.
Que de fois n'ai-je pas entendu des prisonniers
qui avaient conservé quelques bons souvenirs
me dépeindre, avec l'accent d'une réelle émo-
tion et d'un sincère désespoir, l'affreuse impression des premières nuits passées à la

(1) Je parle, bien entendu, de la généralité des dortoirs Il y en
a plusieurs dont l'installation est relativement plus satisfaisante,
ceux de Melun et de Poissy notamment.

maison centrale. — C'est l'enfer! me disait l'un d'eux qui était d'une condition sociale assez élevée. — Il faut se dépraver ou mourir! ajoutait un autre, ancien notaire qui n'avait pas trente ans, dont les cheveux avaient blanchi en quelques jours et qui succomba quelques mois après sous le fardeau d'une pareille existence.

Il y a longtemps que l'administration étudie les moyens de remédier, au moins partiellement, à des maux dont elle ne méconnaît certes pas la douloureuse gravité. Quelques changements matériels, tels que l'usage d'écrans en bois pour cacher les baquets et sauvegarder la décence, ainsi que la mise en service de cheminées d'appel pour faciliter l'aération, répondent mieux aux convenances de l'hygiène et de la salubrité. Ces atténuations sont évidemment insuffisantes. Il faudrait, de l'avis de tous, arriver à l'installation de dortoirs cellulaires établissant d'une manière à peu près satisfaisante la séparation individuelle pendant la nuit. De nombreux projets ont été présentées dans ce but, mais on ne put y donner suite, parce qu'ils comprenaient invariablement la construction de petites cases en bois, d'une ventilation difficile et dont la dimension la plus réduite exi-

geait encore des locaux bien plus vastes que
ceux dont on pouvait disposer. Le remède eût
été pire que le mal. Une idée bien simple, qui a
été mise en pratique en Belgique et en Hollande,
semble enfin devoir faire atteindre le but qui
a été inutilement poursuivi depuis plus de
trente ans. On a eu l'heureuse inspiration,
dans ces deux pays, de placer au-dessus de
petites claires-voies grillagées des feuilles de
tôle d'environ 1ᵐ,60, faisant la séparation de
chaque case, au fond et sur les côtés, puis
de recouvrir le surplus, plafond, devanture et
porte, par des grillages en fil de fer, à mailles
plus ou moins larges, suivant l'emplacement.
Le tout forme une sorte d'alcôve ou cellule,
laissant librement circuler l'air et n'apportant
aucun obstacle à la surveillance. On a même
imaginé un mode de fermeture, au moyen du-
quel on ouvre ou on ferme d'un seul coup des
rangées de quinze ou vingt cases.

On a fait essayer à la maison centrale de
Poissy l'alcôve fermée en tôle et fil de fer.
L'expérience a parfaitement réussi; il a été
constaté que le régime de nuit se trouvait très-
amélioré. Le détenu se sent chez lui; il n'est
plus assujetti, par le regard et le toucher, aux

occasions de contact qui corrompent et avi-. lissent. La moindre surveillance suffit pour empêcher les conversations, puisqu'elles ne peuvent plus se produire qu'en élevant la voix.

Il importe d'ajouter que la dépense est pro-portionnellement peu élevée. On n'aperçoit donc pas, que je sache, d'objections sérieuses à l'adoption d'une réforme d'une extrême im-portance, puisqu'en outre d'une amélioration dans les conditions matérielles du séjour au dortoir, on doit y trouver un changement de régime qui exercerait une grande et salutaire influence sur l'esprit des condamnés renfermés dans les maisons centrales.

Il convient de ne pas oublier à cet égard que l'usage du dortoir n'est pas toujours limité au temps qui doit être consacré au repos et au sommeil. Le dimanche soir, par exemple, ou à l'approche de l'époque des veillées, la rentrée s'opère plus tôt, et il se passe souvent plusieurs heures avant que le calme et le silence aient pu être entièrement rétablis. La situation était notamment des plus abusives le dimanche soir. On avançait jusqu'à cinq heures en hiver, et six et sept heures en été, le moment de la rentrée dans les dortoirs que j'ai décrits tout à l'heure.

Pendant la mauvaise saison, les détenus étaient donc ainsi abandonnés à eux-mêmes pendant douze ou treize heures consécutives, et c'était seulement après plusieurs heures d'attente que le coucher avait pu être raisonnablement exigé; on compromettait, le dimanche, le profit de toutes les précautions prises dans la semaine pour restreindre ou empêcher autant que possible les relations orales entre les condamnés.

Le désir bien naturel et assez légitime de donner à une partie des gardiens quelques instants de congé, entrait pour beaucoup dans la continuation d'un mode de procéder aussi incontestablement défectueux. Des instructions précises, formelles, du directeur actuel de l'administration des prisons, M. Choppin, ont enfin fait donner une moins dangereuse destination à la journée du dimanche.

L'heure du coucher a été retardée, et chacun s'est ingénié à trouver d'utiles occupations pour toute la journée. En outre des offices religieux, de la lecture et de l'école, on a permis des soins de nettoyage dans les ateliers ou aux outils. Puis, ainsi que cela se produit souvent, un progrès en a suscité d'autres. On a eu l'idée dans plusieurs maisons d'avoir, après les vêpres, des conférences morales ou religieuses faites dans la chapelle, en présence de toute la population. Il y a probablement là le point de départ de tout un programme de moyens de moralisation. Ne pourrait-on pas, en effet, obtenir des évêques la désignation, dans chaque diocèse, de prêtres ou de missionnaires éloquents qui viendraient à tour de rôle faire des prédications bien appropriées aux besoins de leur auditoire? En se pénétrant des exigences de la situation, c'est-à-dire en ne limitant pas au dogme les sujets de conférence, il y aurait pour les hommes se dévouant à une mission de ce genre non-seulement la satisfaction d'avoir accompli un devoir, mais aussi la certitude d'avoir fait beaucoup de bien dans un milieu où il importe, plus que partout ailleurs, de ranimer la foi religieuse ou, à défaut, la voix de la conscience humaine.

§ 1. Régime économique. — Travail. — Chantiers agricoles

Un examen, même succinct, de l'organisation des maisons centrales serait incomplet s'il ne comprenait pas des observations sur la gestion économique et le travail. La question financière concerne les dépenses d'un important budget, et on peut trouver dans le travail, s'il est bien conduit, le plus actif et le plus puissant des procédés de réformation à utiliser dans les pénitenciers où l'on vit en commun.

La gestion économique de la majeure partie des maisons centrales fait l'objet, pour chaque établissement, d'une entreprise générale impliquant pour l'adjudicataire l'obligation de pourvoir à tous les frais d'entretien des détenus, aux fournitures d'école et de bureau et aux travaux d'entretien et de réparation aux bâtiments, etc. De son côté, l'entrepreneur perçoit en échange les dixièmes non concédés aux détenus sur le produit du travail (¹), le bénéfice sur les ventes de cantine et un prix de journée qui, d'ordinaire, est plus ou moins

(1) Soit environ 6 dixièmes en moyenne.

élevé, suivant que l'exploitation des ateliers aura chance d'être plus ou moins lucrative (¹).

Comme on peut aisément s'en rendre compte, ce système offre de sérieux avantages. Il est de nature à éviter à l'administration l'embarras du détail infini de tout ce qui est chaque jour nécessaire aux besoins de l'existence de milliers d'individus, et aussi les démarches relatives au fonctionnement des ateliers.

Le cahier des charges, œuvre du temps et de l'expérience de plusieurs générations de fonctionnaires, a été si habilement rédigé, que par un ensemble de stipulations bien agencées, on a pu intéresser l'entrepreneur à observer convenablement les clauses qui sont relatives à diverses dépenses, telles que notamment celles qui s'appliquent au régime alimentaire, au vestiaire, etc. Ainsi, il doit savoir que si l'état sanitaire était compromis par la mauvaise qualité du pain ou des vivres de cuisine, il aurait à son compte de nombreuses journées d'infir-

(1) Le prix de journée varie de 16 à 51 centimes dans les maisons centrales d'hommes, et de 0 à 13 centimes dans les maisons centrales de femmes. — L'entreprise Hayem paie même à l'Etat un centime par journée à la maison centrale de Doullens.

meric, et principalement que le manque de bras ou seulement de robusticité viendrait diminuer dans une forte mesure la recette provenant des ateliers. Il en résulte que les adjudicataires intelligents, et c'est la grande majorité, finissent par s'efforcer d'améliorer autant que possible les distributions alimentaires.

D'autre part, les fournitures de cantine, dont l'achat par le détenu est subordonné à la quotité du salaire gagné à l'atelier, viennent compléter au besoin l'alimentation réglementaire, qui a été calculée en vue de réparer seulement les forces de l'homme au repos.

Il est positif que le système de l'entreprise, qui a été si critiqué, évite de graves complications et que le plus souvent il n'est pas trop coûteux. On a prétendu qu'il ne fallait y voir qu'un moyen de réserver de gros bénéfices à des intermédiaires dont le concours n'est pas indispensable. Je ferai remarquer qu'il y a eu, indépendamment de gains exorbitants, des pertes considérables.

On peut en général reprocher aux entrepreneurs de demander parfois des prix de journée excessifs et surtout d'avoir introduit dans le mode d'exploitation du travail des combinaisons qui faussent entièrement les principes posés dans les règlements sur la répartition des dixièmes et en ce qui concerne la fixation des prix de main-d'œuvre.

Les soumissions à un taux abusif seraient facilement écartées en substituant à l'adjudication non limitée par un prix maximum l'adjudication au rabais sur un prix maximum déterminé à l'avance. L'administration ayant adopté comme base d'une adjudication le prix où il y aurait avantage à recourir à une régie directe, la marche à suivre serait tout indiquée en cas d'abstention des entrepreneurs.

Pour les prix de main-d'œuvre, la solution ne serait pas aussi aisément proposée. Les règlements prescrivent des enquêtes et diverses formalités ayant pour objet d'éviter toute concurrence illégitime. Mais les primes fixes consenties par les sous-traitants pour chaque journée de travail sont la preuve qu'on parvient à éluder les précautions, si minutieuses qu'elles soient, des instructions ministérielles. Le plus souvent ces primes dépassent de dix et même de quinze pour cent la part revenant à l'adjudicataire sur le total des salaires. Il y a donc au moins une différence de cinq à six pour cent

au préjudice des condamnés. On fait remarquer, il est vrai, que l'on ne peut faire face à des
dépenses dont la proportion est peu variable
qu'avec des recettes non soumises à des éventualités de réduction par le chômage et la diversité des travaux dans chaque atelier. Il me
semble que cette explication ne serait acceptable qu'à la condition de ne pas altérer la
portée des règlements, c'est-à-dire en n'exigeant des sous-traitants que des primes équivalentes au taux moyen des dixièmes concédés
Le surplus devrait, en bonne justice, être ins-
crit au tarif de prix de main-d'œuvre.

Je ne voudrais pourtant pas qu'on se méprit
sur l'importance de ces difficultés de détail qui
finiront par être aplanies, ni surtout qu'on y
cherchât des arguments dans le sens d'une plus
grande protection à donner au travail libre. Je
crois, au contraire, qu'on a de beaucoup exagéré les inconvénients qui résultent de la concurrence des ateliers des maisons centrales. Il
est probable surtout que les remèdes qui ont
été indiqués seraient pires que le mal. Il faut
être prudent lorsqu'il s'agit de questions d'une
telle complexité.

Les ateliers qui se sont formés dans les pri-

sons ne donnent en général que des produits
défectueux ne comportant qu'un salaire très-
réduit et pour lesquels il n'y a presque jamais
identité absolue avec la fabrication due au
travail libre.

On prouverait au besoin l'exactitude de cette
observation en rappelant que les chambres de
commerce ont presque toujours à faire la part
de la différence dans la qualité des objets con-
fectionnés lorsque ces compagnies ont à émettre
des avis sur des projets de tarifs de prix de
main-d'œuvre.

En ce qui concerne le genre et la nature des
travaux exécutés, on peut invoquer en faveur de
l'état de choses actuel d'anciennes traditions,
d'où il résulte qu'il a été créé à l'intérieur des
pénitenciers des industries spéciales à ces établissements et dont l'existence n'implique souvent pas une concurrence quelconque aux ma-
nufactures du dehors.

La chaussonnerie, par exemple, qui occupe
près d'un dixième de l'effectif des ouvriers,
n'est pour ainsi dire plus exploitée que dans
les prisons. Il y a aussi un grand nombre de
cordonniers faisant de la chaussure à bas prix
et dont les salaires sont au moins équivalents

à ceux payés par les grandes usines où on
a poussé à la dernière limite le système de la
division du travail. Pour les hommes, les autres
industries sont la vannerie, la fabrication des
boutons de corne et de nacre, un peu d'ébénisterie commune, etc.

Les sous-traitants de ces ateliers, qui, il ne
faut pas l'oublier, ont à payer à l'entrepreneur
général, en outre de ce qui est porté au tarif,
des primes supplémentaires ou de garantie
contre le chômage, ne font généralement pas
de trop brillantes affaires. La grande difficulté
à résoudre par un entrepreneur ou par tout
directeur administrant une régie, consiste justement dans la recherche du travail.

Il est à croire que la surveillance de l'administration centrale n'a pas été insuffisante et
que l'on a su éviter des faits de concurrence
abusive, car il n'y a eu, dans ces vingt dernières
années, que de très-rares réclamations de la
part soit des ouvriers, soit des fabricants du
dehors. Les plaintes qui se produisent sont
examinées avec la volonté formelle d'accueillir
les griefs bien fondés et d'y faire droit sans
retard.

Ce serait donc seulement à propos des tra-

vaux de couture exécutés soit dans les maisons
centrales de femmes, soit dans les nombreux
ouvroirs appartenant aux congrégations religieuses, qu'il y aurait peut-être une cause d'a-
vilissement du taux des salaires. Il y aurait à voir
si la main d'œuvre susindiquée des maisons centrales de femmes et des ouvroirs est d'une importance telle qu'elle puisse exercer une grande
influence sur le taux des travaux de couture, ou
s'il ne s'agit pas, au contraire, de l'un des aspects
de la grande question de l'insuffisance des salaires payés aux femmes. Dans tous les cas, il
faudrait considérer que le produit du travail est
la principale, parfois même l'unique ressource
d'un grand nombre d'ouvroirs ou de maisons
de refuge pour les jeunes filles et les femmes
pauvres ou abandonnées, et qu'on ne saurait
entraver sur ce point la liberté d'action des
institutions charitables qu'en mettant à la
charge de l'assistance publique le soulagement
des misères auxquelles il y aurait désormais
impossibilité absolue de venir en aide comme
par le passé.

Les projets ayant pour objet de créer aux
risques de l'État, soit des ateliers d'enseignement professionnel pour les condamnés adultes,

soit des ateliers de confection d'effets d'équipement militaires, sont évidemment ou impraticables, ou de nature à occasionner d'énormes dépenses pour lesquelles il n'y aurait aucune compensation acceptable. L'intérêt du Trésor public et partant les ménagements dus aux contribuables exigent que l'on s'abstienne de pareilles aventures.

Il va sans dire toutefois que l'on peut admettre sans inconvénient la possibilité d'organiser, dans les prisons, des ateliers de fabrication d'objets militaires, mais seulement et exclusivement aux frais, risques et périls des fournisseurs de l'armée pour ce qui touche l'achat et l'emploi des matières premières.

En définitive, à moins de vouloir supprimer le travail en prison (ce qui n'est demandé par personne), il importe de prendre garde à toute disposition qui, au lieu de modifier sagement, sans secousse, une situation qui s'est faite à la longue, progressivement, viendrait créer à l'improviste de véritables souffrances. — Que, par exemple, il soit décidé demain que tous les travaux d'équipement militaire seront exécutés dans les prisons. — Qu'en adviendrait-il ? C'est qu'aussitôt, sans transition aucune, les nom-

bieux ouvriers et ouvrières qui sont maintenant occupés par les fournisseurs de l'armée
se trouveraient reduits à la misère, forcés de
se disperser et de chercher ailleurs des moyens
d'existence ; quant aux fabricants qui exploitent
actuellement les ateliers de condamnés, il est
évident qu'ils ne se décideraient à changer
leurs prix de main-d'œuvre qu'après avoir
obtenu la certitude de vendre à un prix remu-
nérateur des produits devenus plus coûteux.

Il est bien certain qu'on ne pourra trouver
que dans les travaux agricoles on d'amélioration foncière un choix de mesures qui ne soient
pas des palliatifs ou un simple déplacement de
concurrence. Il est positif aussi que la vie rurale, le travail en plein air ont une action favorable aussi bien sur l'état de santé que sur
l'état moral de ceux qui s'y livrent. C'est donc
aux chantiers extérieurs et non à d'autres travaux industriels qu'il convient d'avoir recours
pour restituer aux classes ouvrières une partie
des salaires qui sont distribués à plus de
30,000 détenus aujourd'hui occupés dans les
divers ateliers du service pénitentiaire. Or,
un pareil projet est parfaitement admissible et
réalisable, sous la condition de sauvegarder le

caractère répressif de la peine et de ne pas avoir à redouter de fréquentes évasions.

On éviterait les plus graves inconvénients du travail au dehors en composant l'effectif des chantiers avec des condamnés ayant déjà subi la moitié ou une grande partie de l'emprisonnement auquel ils doivent être assujettis et dont la conduite aurait été satisfaisante. La désignation pour les ateliers agricoles ou de travaux publics constituerait ainsi, en même temps qu'une récompense, une sorte de régime intermédiaire ayant quelque analogie avec l'une des plus importantes divisions du système irlandais.

Ce nouveau mode d'utiliser la main-d'œuvre des condamnés pourrait notamment donner de très-beaux résultats en ce qui concerne l'accroissement de la richesse foncière du pays. En dehors des améliorations domaniales qui pourraient être obtenues dans les landes de Bretagne et de Gascogne ou en Algérie, ne deviendrait-il pas facile d'exécuter de grands travaux d'utilité publique dont les avantages sont absolument notoires ?

On arriverait peut-être à rendre à la culture les milliers d'hectares qui peuvent être de nouveau conquis sur la mer dans la baie du Mont-Saint-Michel.

Dans la région des Alpes on occuperait pendant un temps indéterminé des milliers de condamnés en les employant au reboisement, au gazonnement des pentes, à l'extinction des torrents, au colmatage et à l'endiguement des bords de la Durance. Il y aurait à prendre part à une œuvre de nature à augmenter par centaines de millions la valeur agricole et forestière de cette contrée. Le colmatage des quarante mille hectares formant l'immense désert de la Crau produirait, suivant les hommes compétents, une plus-value d'une centaine de millions.

Il n'y a pas à multiplier les exemples de ce genre. On peut être certain qu'il n'y aurait que l'embarras du choix.

En ce moment, une proposition de cette nature a encore le caractère d'un beau rêve. Ne pourrait-on pas faire remarquer cependant que les établissements de la Corse, avec leurs dangers d'insalubrité et la double installation qu'il a fallu y établir à grands frais, étaient bien autrement difficultueux ? Il y a longtemps déjà que des *chantiers extérieurs ambulants,* impliquant l'usage de petites maisons mobiles montées en fer ou en bois, fonctionnent en Irlande et dans diverses parties de l'Europe.

Je ne veux pas m'arrêter plus longtemps à un exposé théorique qui exigerait pour sa mise en application de nouvelles dispositions légales, des études mieux approfondies et la reconstitution d'une partie du service pénitentiaire. En ne retenant des observations relatives aux maisons centrales que celles dont il est aisé de tenir compte sans retard, telles que les modifications touchant la création des dortoirs cellulaires, l'augmentation du nombre des quartiers d'isolement individuel, les conférences du dimanche, etc., la marge est encore suffisante pour de sérieux et d'utiles progrès.

§ 2. Les travaux forcés et la transportation.

L'administration de la marine est chargée, comme on le sait, de pourvoir à l'exécution de la peine des travaux forcés, soit de diriger le régime de la transportation.

Je ne veux, par conséquent, présenter, au sujet des individus appartenant au plus haut degré de criminalité, que de courtes explications touchant l'efficacité relative d'une importante partie de nos institutions pénales.

Les condamnés aux travaux forcés sont maintenant dirigés, au moins en grande partie, sur la Nouvelle-Calédonie, après avoir séjourné pendant un certain laps de temps au dépôt de l'île de Ré où on ne trouve plus trace des rigueurs de l'ancien bagne.

Il paraît probable que les pénitenciers de la Guyane finiront par être délaissés et qu'on ne conservera plus que ceux qui ont été créés dans les vallées salubres et sur les plages qui avoisinent Nouméa, l'île des Pins, etc.

Nous avons donc, d'un côté, pour les condamnés à l'emprisonnement et les reclusionnaires, la vie des maisons centrales avec son cortège de sévérités, de tristesses et de privations, et en regard, pour les grands criminels, une sorte d'exil dans des pays où il est aisé de se faire une heureuse et douce existence et où, dans tous les cas, on n'aura à redouter que le travail en plein air avec une nourriture tonifiante (¹), la permission de fumer, de se procurer

(1) Voici, suivant les déclarations de M. Michaux, directeur des colonies, quelle est la ration des transportés :
    Pain frais, 750 grammes ;

du vin et même probablement des plaisirs d'une nature plus séduisante encore (¹).

Si à ce constraste on ajoute l'attraction de l'inconnu, le désir d'aller vivre dans des contrées lointaines dont on s'exagère la fertilité,

Ou farine, 550 grammes ;
Ou biscuit, 550 grammes ;
Vin pour 2 jours, 23 centilitres ;
Tafia ou eau de-vie, 6 centilitres ;
Viande fraîche de bœuf, 3 fois la semaine, 250 gramm s ;
Viande fraîche de porc, 2 fois la semaine, 250 grammes ;
Ou lard salé, 180 grammes ;
Légumes secs, 140 grammes ;
Ou riz, 80 grammes ;
Huile d olive, 9 centilitres ;
Ou saindoux, 15 grammes ;
Sel, 22 grammes ;
Vinaigre, 25 centilitres ;
Cafe, 20 grammes ;
Sucre, 25 grammes.

(1) A l'île Nou, le travail est industriel ; dans les camps, au contraire, le travail est agricole. — Les forçats exploitent les forêts, tracent les routes, défrichent les terres — Après une période de temps qui varie suivant leur conduite, les condamnés sont libérés. A ce moment, ils reçoivent une concession de terre qu'ils exploitent à leur profit et qui, si elle est bien cultivée, peut suffire largement à leurs besoins. Les libérés peuvent encore être employés par les colons. Quelques-uns même obtiennent l'autorisation de se fixer à Nouméa, ou un ouvrier d art, un menuisier, un serrurier, un maçon, gagnent de 10 à 12 fi. par jour, un manœuvre gagne 8 fr.

A Bouraï se trouve le dépôt des femmes condamnées qui, extraites des maisons centrales de France, sont envoyées en Nouvelle-Calédonie pour contracter mariage avec des libérés.

En résumé, la Nouvelle-Caledonie est un pays d'avenir, la terre est feconde, le climat des plus sains. (Extraits de la déposition de M le général Reboul devant la commission d'enquête parlementaire.)

la clémence de climat, la facilité de mœurs, il n'y aura pas à s'étonner que ce qui devrait être un châtiment de nature à terrifier le coupable soit au contraire un stimulant propre à augmenter parfois la criminalité (¹).

Dans le cas où il y aurait doute sur ce point, j'invoquerais les résultats de l'enquête de la Chambre des communes en Angleterre et au besoin la monotone et instructive liste des condamnés des maisons centrales qui tuent des

(¹) En 1861, le nombre des condamnations à la peine des travaux forcés était descendu à 938. — La dernière statistique de la justice criminelle, celle qui s'applique à l'année 1873, relève 1,153 condamnations à ladite peine des travaux forcés

Certains comptes rendus publiés par les journaux jettent fréquemment de sinistres lueurs sur les sentiments des plus criminels malfaiteurs.

Voici, entre des centaines d'exemples du même genre, ce qui vient d'être signalé à Mézières :

« Mézières, 19 novembre 1877.

« La Cour d'assises des Ardennes vient de s'occuper d'un
« criminel des plus dangereux, nommé Rethee, âgé de 37 ans,
« reclusionnaire libéré. Dans la soirée du 2 septembre, trois
« incendies consécutifs venaient épouvanter les habitants de
« trois villages limitrophes, de l'arrondissement de Vouziers.
« Le premier, à Saint-Lambert, consumait un corps de ferme et
« des récoltes valant 14,500 fr.: à 4 kilomètres de là, à Semur,
« à onze heures, un second incendie dévorait pour 31,300 fr.
« de récoltes Le même soir enfin, à Voncq, deux fermes et tout
« ce qu'elles contenaient devenaient la proie des flammes. Le
« pays était dans la stupeur. Deux jours après, le 4 septembre,
« l'auteur de ces crimes abominables vint se livrer lui même à
« la gendarmerie. Il voulait aller, disait-il, à la Nouvelle-Calé-
« donie. »

Ab uno disce omnes.

gardiens dans le seul but d'encourir la peine des travaux forcés. Suivant le mot si juste, si expressif de M. Babinet, au point de vue répressif, la transportation n'est qu'un leurre, une dangereuse et sentimentale illusion.

Je ne prétends pas que tous les malfaiteurs envisagent la perspective du transfèrement dans une colonie pénale lorsqu'ils s'abandonnent à leurs mauvaises passions; mais pour beaucoup d'entre eux, les plus pervertis, c'est-à-dire ceux qui ont longtemps vécu en prison, le caractère de la peine est supputé à l'avance à peu près comme un commerçant prévoit ses chances de perte ou de gain. Pour ceux-là il n'y a pas d'hésitation possible. A leurs yeux tout est préférable à l'abominable centrale, avec son joug de fer et son implacable discipline. A cet égard, j'ai le droit et le devoir de parler de près de trente années d'expérience personnelle. J'ai interrogé bien souvent les habitués de nos pénitenciers afin de connaître leur manière de voir. Tous sans exception ont montré plus ou moins ouvertement leur préférence pour la peine des travaux forcés ou plutôt, afin de bien préciser, pour la transportation.

Que doit-on penser et attendre d'une pénalité graduée de façon à ce que le châtiment le plus grave soit, non pas équivalent, mais sensiblement plus rigoureux lorsqu'il s'applique à des condamnations d'un degré inférieur?

D'autres faits se rattachant à la mise en pratique de la transportation soit en Angleterre (¹), soit en France, viennent à l'appui de ce que je viens de dire à propos de la question d'efficacité des peines.

Il a été constaté que de 1852 à 1867 la mise en vigueur du décret du 8 décembre 1851 sur la transportation, a déterminé l'envoi à la Guyane française de 17,786 individus se composant en

(1) La déportation a aussi été pratiquée en Russie dans une proportion des plus considérables. Or, voici ce que je trouve à ce sujet dans un rapport de M. le comte Sollohub, conseiller privé de S. M. l'empereur de Russie (*Revue penitentiaire*, par M. Paulian, l'un des secrétaires de la Société générale des prisons) :

« Ce qui pourra disparaître aussi c'est la peine de la dépor- « tation, dont je me déclare l'ennemi acharné. Je souscris avec « enthousiasme à l'opinion que M. l'amiral Fourichon a émise « devant la commission de Versailles.

« Le plus grand événement du siècle pour la science péniten- « tiaire a été sans contredit l'abolition du système anglais de « déportation Les resultats se sont manifestes aussitôt. Tranquil- « lité dans les colonies, économies considérables, diminution sen- « sible des crimes et des recidives, précision dans les peines. « Tout à surgi comme par miracle Je regarde comme un grand « danger social, comme une source inépuisable de récidives, la « faculté dévolue aux malfaiteurs de rêver une sorte d'impunité « qui les porte à passer d'un crime à un autre, en calculant sur « une prime dans l'avenir. »

majeure partie de condamnés à la peine des
travaux forcés. Sur ce nombre 1,533 ont été
rapatriés, 7,623 sont décédés, 995, *soit plus
d'un vingtième,* se sont évadés ou ont disparu,
293 transportés seulement ont consenti à rester
à la Guyane après l'expiration de leur peine.
Sur les 2,044 hectares de terre qui ont été
concédés, 498 seulement avaient été mis en
culture.

Les dépenses spéciales des pénitenciers, qui
étaient de 527,080 fr. en 1859, s'élevaient encore
à 2,722,810 fr. en 1874 ([1]). Ce dernier chiffre
représenterait, d'après des données dont je ne
saurais garantir l'entière exactitude, environ
1,000 fr. par an pour chaque condamné, et même
1,100 fr. suivant M. l'amiral Fourichon ([2]).

En ce qui concerne la Nouvelle-Calédonie
où, il est vrai, la colonisation offre plus de
chances de succès, l'observation du décret du
3 septembre 1863 ([3]) et de la loi du 23 mars
1872 ([4]) se traduit par une dépense totale qui

(1) Extrait des tableaux de statistique de M. Maurice Block
(2) M. l'amiral Fourichon conteste les avantages de la transportation, même au point de vue de la colonisation.
(3) Ce décret désigne la Nouvelle-Calédonie comme lieu de
transportation.
(4) Loi concernant les individus condamnés à la déportation
pour des faits se rattachant à l'insurrection de 1871.

est évaluée, pour 1874, à 5,489,636 fr. M. Michaux, directeur des colonies, évalue à 1 fr. 48 c. par journée les frais d'entretien d'un condamné à la Nouvelle-Calédonie. Il convient d'ajouter à ces 1 fr. 48 c. une estimation proportionnelle pour les frais de transport, qui sont de 900 fr. par individu, et, s'il y a lieu, le rapatriement, puis enfin des frais de garde, de surveillance et d'administration, qui s'élèvent à un chiffre relativement très-considérable.

Quant à l'Angleterre, où il était de mode d'aller chercher des arguments en faveur du système pénal dont il s'agit, il n'y a plus maintenant qu'à y trouver des considérations d'un ordre tout à fait différent. Le directeur général des prisons est venu déclarer devant le congrès de Londres que les Anglais avaient définitivement et entièrement renoncé à la transportation, et il paraît certain que la criminalité à laquelle cette peine pouvait être applicable a sensiblement diminué, par l'effet d'un retour à un mode de répression plus véritablement comminatoire.

Je ne veux pas affirmer que la transportation ne peut offrir aucun avantage pour la colonisation ou, à titre d'exutoire, pour débarrasser le territoire métropolitain des scories humaines;

j'entends dire seulement qu'il faut auparavant se montrer équitable dans la distribution des châtiments et protéger suffisamment la société contre ceux qui en violent les lois.

On ne parviendra à bien équilibrer notre système pénal qu'en faisant de la transportation une récompense qui serait accordée aux condamnés de toute catégorie après qu'ils auront subi la moitié de leur peine. Les vagabonds pourraient aussi être assujettis à des mesures de ce genre après deux ou trois condamnations. En limitant aux *premiers frais* d'installation et à une concession de terre les charges du Trésor, on arriverait sans doute à diminuer des allocations budgétaires qui sont excessives et qui constituent même une sorte d'offense à la morale publique, lorsqu'elles atteignent des proportions aussi énormes que celles dont il a été parlé à propos de la Nouvelle-Calédonie, et plus encore de la Guyane française.

CHAPITRE V.

MAISONS PÉNITENTIAIRES DE JEUNES DÉTENUS.

Historique des colonies pénitentiaires agricoles. — Projet de loi sur l'éducation et le patronage des jeunes détenus. — Modifications aux articles 66, 67, 69 et 237 du Code pénal. — Nécessité de créer des institutions préventives en faveur des enfants d'un âge peu avancé, ou à propos desquels il n'y a pas à poser la question de discernement ou de culpabilité. — Dangers du séjour de ces enfants dans les maisons d'arrêt — Du choix et de l'effectif des diverses maisons pénitentiaires publiques et privées. — Enseignement professionnel. — Avantages des petites colonies. — Engagements dans l'armée.

Le Code pénal de 1810, reproduisant sur ce point les dispositions édictées en 1791, consacre en principe l'obligation de placer à part, dans les prisons et les pénitenciers, les jeunes détenus faisant l'objet des articles 66, 67 et 69 dudit code.

En dehors de quelques quartiers correctionnels qui furent institués dans un petit nombre de villes ou auprès de plusieurs grands établissements, et sauf ce qui est relatif à la création, à Paris, par M. l'abbé Arnoux, d'une maison spéciale de jeunes détenus, qui a été supprimée en 1830, ce n'est guère que de 1835 à 1840 que l'on commença à prendre des mesures en vue de se conformer au vœu de la loi.

C'est à M. l'abbé Rey, le fondateur de Cîteaux, que revient l'honneur et le mérite de l'organisation de la première colonie pénitentiaire, par la fondation à Oullins, près de Lyon, en 1835, d'une maison où les jeunes détenus furent principalement occupés d'abord à des travaux horticoles.

L'abbé Barthier, à Toulouse, et, à la même époque, l'abbé Fissiaux, à Marseille, créèrent d'autres colonies de 1835 à 1840.

Puis, peu de temps après, M. de Metz mettait en application sur une grande échelle, dans la colonie de Mettray, tout un système d'éducation basé sur le principe de l'amélioration de l'enfant par la terre, que M. Ch. Lucas a complété plus tard en y ajoutant, au point de vue de la richesse publique, celui de l'amélioration de la terre par le travail des enfants.

Il se produisit de 1840 à 1850, aussi bien en France qu'à l'étranger, un grand mouvement d'opinion dont l'expression se trouve consignée, pour notre pays, dans les principales dispositions

de la loi du 5 août 1850, qui ont principalement
pour objet l'adoption et l'imitation du système
suivi à Mettray, c'est-à-dire, pour ne parler que
de l'ensemble, l'entière séparation des jeunes
détenus, l'enseignement professionnel agricole
ou se rattachant à l'agriculture et la préférence
donnée à l'initiative privée pour la création des
colonies pénitentiaires.

Les résultats de la loi de 1850 sont généralement bien connus.

Comme on devait s'y attendre, l'autorité judiciaire n'étant plus retenue par la crainte d'ag-
graver par un séjour prolongé dans les prisons
le sort des enfants malheureux ou coupables,
se fit un devoir d'appliquer plus souvent l'article
66 du Code pénal, portant que l'enfant acquitté
comme ayant agi sans discernement sera envoyé dans une maison d'éducation correctionnelle.

L'effectif des jeunes détenus, remis à l'administration a donc fini par quadrupler, par suite
de la mise en pratique de la loi de 1850 (¹).

_____

(1) Les tableaux de statistique pénitentiaire relèvent une nouvelle
augmentation d'effectif. En 1873 le total de la population des
colonies pénitentiaires était de 8,585. Au 31 décembre 1871,
l'ensemble s'élevait à 9,553 ; c'est une augmentation de 968,
soit de près de 12 p. 100 pour une seule année.

En dehors des acquittements ou de la remise aux parents des jeunes prévenus ou accusés, obtenant une sentence. d'acquittement, il y a maintenant chaque année plus de 3,000 jeunes détenus, filles et garçons, qui passent par les prisons départementales pour être ensuite dirigés sur les pénitenciers publics et privés, dont la population totale s'élève, d'après les derniers tableaux de statistique, au chiffre de 9,553(¹), répartis dans 35 maisons de jeunes garçons et 23 maisons affectées aux filles.

La dépense totale s'élève annuellement à environ 3,300,000 fr. Elle forme un prix de revient d'un peu plus de 1 fr. 20 c. par journée de présence dans les colonies publiques.

Dans les colonies privées, la subvention est au minimum de 75 à 80 centimes par journée (²).

Je ne me propose pas d'examiner les motifs

(1) Colonies publiques de jeunes garçons et quartiers correctionnels. 2,268
Colonies privées (de jeunes garçons) . . . 5,383
Établissements publics de jeunes filles . . 1 30
Établissements privés de jeunes filles . . . 1,772
_____
0,553

(2) Il est distribué en plus d'autres subventions s'élevant annuellement à environ 50,000 fr.

de l'insuccès de la loi sur l'éducation correctionnelle, en ce qui touche quelques-unes des
colonies privées. Il n'y a plus rien à dire sur un
sujet qui a fait l'objet d'investigations aussi
complètes que celles qui se trouvent consignées
aux procès-verbaux de la commission d'enquête
parlementaire (¹), et notamment dans le rapport déposé par M. Voisin à l'appui du projet
de loi présenté à l'Assemblée nationale dans la
séance du 18 mars 1875.

L'œuvre de M. Voisin est des plus considérables, c'est l'entier exposé de tout ce qui est
relatif aux antécédents judiciaires et administratifs de l'une des plus difficiles questions du
problème pénitentiaire. Il est nécessaire d'étudier attentivement ce travail pour apprécier, en
parfaite connaissance de cause, les particularités et les inconvénients de la législation aujour-
d'hui en vigueur.

Le compte rendu de M. Voisin a mis fin à
des discussions qui seraient désormais super-
flues, et il ne reste plus qu'à dégager du tableau
fidèle qu'il a tracé des imperfections de la loi
de 1850, des conclusions pratiques, c'est-à-dire

(1) Voir aussi, pour ce qui est relatif aux colonies privées, les
intéressants et concluants rapports de M. Bournat.

une législation venant améliorer l'état de choses actuel.

Les dispositions adoptées par la commission d'enquête parlementaire comprennent, indépendamment de quelques changements aux articles 66, 67, 69 et 229 du Code pénal et du projet de loi cité plus haut, savoir :

1° La création de maisons de réforme dont l'existence serait mentionnée à l'article 66 du Code pénal ;

2° L'élévation à 21 ans pour les jeunes filles détenues, et à l'époque de l'appel sous les drapeaux pour les jeunes garçons, le maximum d'âge à fixer pour la durée du séjour dans les maisons de réforme ;

3° Le maintien de maisons correctionnelles pour les mineurs condamnés par application des articles 67 et 69, mais avec faculté, pour le juge, de prescrire en outre le placement dans une maison de réforme lors de l'expiration de la peine ;

4° Et enfin, la suppression à l'article 237 de ce qui s'y trouve édicté au sujet de la mise en surveillance des mineurs de moins de 16 ans.

Le projet de loi sur l'éducation et le patronage des jeunes détenus consacre, en outre de la création de maisons de réforme dont il vient d'être parlé, lesquelles seraient substituées aux maisons d'éducation correctionnelle, sauf pour ce qui concerne les jeunes détenus, par application des articles 67 et 69, savoir :

1° La faculté de placer éventuellement dans les maisons de réforme, les jeunes détenus, prévenus et accusés et même les enfants retenus par voie de correction paternelle;

2° L'alternative au choix du régime en commun ou du régime de la séparation individuelle, pendant six mois au moins et un an au plus, lors de l'entrée, soit dans la maison de réforme, soit dans la maison d'éducation correctionnelle;

3° La coexistence des colonies publiques et privées, sous la dénomination de maisons de réforme (les maisons d'éducation correctionnelle étant toujours des établissements publics institués en France ou en Algérie);

4° L'extension de l'enseignement professionnel aux travaux industriels et aux travaux maritimes ;

5° Des restrictions à l'autorité paternelle, en ce qui concerne les jeunes détenus placés dans les divers établissements susmentionnés.

Telles sont, avec des changements dans le choix et la composition des commissions de surveillance et quelques autres modifications de détail, les principales propositions de l'honorable M. Voisin. Je vais essayer de définir le caractère et la portée des plus importantes dispositions projetées. Je m'efforcerai aussi d'appeler l'attention sur les objections qui peuvent y être opposées.

J'arrive de suite à ce qui est évidemment le point capital du projet de loi, c'est-à-dire la création des maisons de réforme.

Les institutions fondées dans ces derniers temps, en Angleterre et en Amérique, sous le nom d'écoles de réforme, d'écoles industrielles (¹), comme aussi d'œuvres pour la protection de l'enfance, ont dû exercer une certaine influence sur le choix des décisions de la commission d'enquête parlementaire.

Avant 1854, il n'y avait point en Angleterre d'acte du parlement permettant de traiter les jeunes criminels autrement que les adultes.

---

(1) Il y a aussi dans d'autres contrées de l'Europe des établissements désignés sous le nom d'écoles de réforme. C'est ainsi, par exemple, que sont désignées en Belgique la maison de Saint-Hubert, de Namur, et en Hollande celles de Rysselt et d'Alkmaar.

Aussitôt qu'on fut entré dans la bonne voie, on sut rapidement nous y dépasser.

Des entreprises dues à la charité privée et dont la plus importante fut celle de Redhil, où l'organisation de Mettray fut exactement imitée, déterminèrent l'adoption, à la fin de 1854, du premier acte fixant les conditions d'existence des écoles de réforme qui devaient remplacer la prison pour les jeunes détenus.

Les écoles de réforme, destinées à recevoir les enfants âgés de moins de 14 ans, furent reconnues à titre d'institutions semi-officielles et on leur donna, sous la surveillance et le contrôle des inspecteurs de l'État, la liberté de direction, le pouvoir de détention et enfin des subsides.

Peu d'années après la complète installation des écoles de réforme, on ne tarda pas à voir ce que nous pourrions découvrir nous-mêmes si nous voulions ouvrir les yeux, c'est que la plupart des enfants admis dans les établissements de ce genre n'étaient pas arrivés à un état de dépravation suffisant pour justifier la la sentence qui les envoyait d'abord en prison, et les astreignait à vivre en compagnie de jeunes criminels auprès desquels ils devaient

apprendre beaucoup de mal qu'ils ignoraient
auparavant ([1]). On s'aperçut, de plus, qu'il exis-
tait une classe nombreuse d'enfants qui, sans
être encore coupables, se trouvaient placés
dans une condition telle qu'ils succomberaient
s'ils étaient abandonnés aux tentations de la
rue. En conséquence, on créa une seconde
classe d'institutions semi-officielles, ayant un
caractère différent de celui des écoles de réforme, mais investies comme celles-ci, par
actes du parlement, du pouvoir de retenir les
enfants. Ces établissements avaient pour objet
d'établir au profit de diverses catégòries d'enfants ci-après désignées, tout un système de
mesures *préventives*, absolument distinctes de
celles qui avaient fait adopter l'organisation des
écoles de réforme.

Voici quelles sont les diverses classes d'enfants qui sont envoyés dans les écoles industrielles :

Les mendiants ;

Les vagabonds ;

Les orphelins ou les enfants dont les parents

---

(1) Note de M Ch. Ford esq , secrétaire de l'Union des écoles
et des refuges, sur les mesures preventives pratiquées en Angleterre pour empêcher les enfants de tomber dans le crime.

sont en prison ou condamnés à la servitude pénale;

Ceux aussi qui fréquentent la compagnie de gens connus comme voleurs;

Et enfin, avec les enfants méconnaissant l'autorité paternelle, les jeunes délinquants âgés de moins de 12 *ans seulement,* qui sont accusés d'un délit punissable de l'emprisonnement, mais qui n'ont auparavant subi aucune condamnation.

Comme on le voit, les écoles de réforme, dépendant du service pénitentiaire, restent affectées aux jeunes malfaiteurs âgés de plus de 12 ans, et à ceux qui ont commis des crimes ou des délits, qu'ils aient agi avec ou sans discernement (1).

Suivant les tableaux de statistique annexés au compte rendu de Charles Ford esq., les admissions se sont élevées en 1871 au chiffre de 1,604 dans 65 écoles de réforme, et à celui de 2,883 dans 95 écoles industrielles.

(1) Des institutions analogues existent en Belgique, où les enfants arrêtés pour des actes non contraires à la probité, sont soigneusement séparés de ceux qui ont commis des actes d'improbité véritable : les maisons de Ruysselt et de Beernem, qui reçoivent la première catégorie de ces enfants, dependent non de l'administration des prisons, *mais de l'assistance publique.*

Le nombre proportionnel des enfants pour lesquels la bienfaisance est la principale règle du régime, dépasse donc de beaucoup celui des jeunes criminels.

Il y a en outre, en Angleterre, de nombreux refuges entièrement soutenus par la charité privée et renfermant en moyenne plus de 9,000 enfants.

On évalue à 33,000 environ la population réunie des écoles industrielles et des refuges, et à ɔ,500 jeunes détenus seulement celle des maisons de réforme (¹).

Aux États-Unis, il a fallu protéger et secourir une multitude de petits vagabonds relativement plus considérable que dans l'ancien monde.

Des mesures dans ce sens furent adoptées, dès 1850, à Boston et dans l'État de Massachussets. On signalait déjà à cette époque la

(1) On espère que, par une intelligente application de l'acte des écoles industrielles, le nombre des écoles de réforme pourra encore être diminué et le nombre des jeunes criminels considérablement réduit.

Par l'acte sur l'instruction primaire, les comités d'écoles ont le pouvoir d'établir et de diriger les écoles industrielles reconnues. Ces prescriptions font ainsi aux écoles industrielles une place dans le nouveau système anglais d'instruction primaire et les distinguent encore plus des établissements de répression.

(Note de M. Charles R. Ford esq)

gravité du mal et les dangers provenant de l'abandon des enfants, par suite de la désorganisation des familles, de la débauche ou de la misère des nombreux immigrants, de l'influence de l'abus des liqueurs fortes, etc.

Dans l'État de New-York, on a évalué à plus de 30,000 le nombre des petits vagabonds qui étaient une des plaies et quelquefois une des terreurs de la cité impériale (¹).

A côté des établissements municipaux fondés pour les jeunes délinquants dans l'île de Randall et dans les écoles industrielles et nautiques de l'île de Hart, il convient de signaler tout particulièrement l'œuvre dite des Enfants des rues, dont M. Brace a été l'un des plus dévoués promoteurs, la *Children's aid Society*, dont les débuts furent des plus modestes. Fondée en 1853, elle compte aujourd'hui 50 instituteurs et 25 agents ; elle a un revenu d'un million de francs, dus en partie à l'initiative privée ; elle entretient 20 écoles industrielles et 12 écoles du soir. Les jeunes vagabonds reçus dans les *lorging-house* y sont attirés par les procédés les plus ingénieux, et ils viennent s'apprivoiser

(1) *Le Monde américain*, par Louis Simonin.

au nombre d'environ 400 par nuit. Ils reçoivent à un prix prodigieusement modique un repas, des vêtements, des souliers. Devenus accessibles aux bonnes influences, ils sont envoyés aux écoles publiques ou en apprentissage. La Société pousse ses enfants vers l'agriculture; 2,500 enfants environ sont dirigés chaque année vers le Far-West (¹). On en a déjà placé ainsi environ 22,000. Un grand nombre de ces enfants sont devenus de riches propriétaires. Plusieurs envoient des dons à l'œuvre ou lui ont légué leurs biens en mourant..

Les divers États de l'Union ont imité le courageux et salutaire exemple donné par M. Loring Brace et ses coopérateurs. M. le pasteur Robin évalue à plus de 100,000 le nombre des enfants qui profitent maintenant des institutions *préventives* qui se sont rapidement développées dans toute l'Amérique, sous la dénomination d'écoles industrielles ou d'écoles de travail.

La commission d'enquête parlementaire a très-soigneusement étudié les innovations relativement si importantes qui ont permis d'amé-

(1) Vingtième rapport annuel de M. Charles Loring Brace, résumé par M. Charles Robert dans son livre : *École ou prison.*

liorer d'une manière aussi efficace le système d'éducation préventive et correctionnelle, aussi bien en Angleterre qu'aux États-Unis.

Pourquoi cependant n'a-t-on retenu de ces innovations que ce qui concerne la création des écoles de réforme, qui ne forment que l'un des anneaux de la chaîne formée en Angleterre pour endiguer le mal? Le système *préventif*, qui est la partie la plus intéressante et de beaucoup la plus importante de l'ensemble des institutions anglaises et américaines, a été entièrement laissé de côté. .

Il est probable que l'on se sera exagéré les difficultés du concours à attendre soit de la charité privée, soit des administrations locales, et il résulte de cette appréciation que le projet de loi ne mentionne l'adoption ni d'un système *de mesures préventives* ni même d'un régime particulier, soit pour la catégorie d'enfants qui, aux termes de l'acte de 1866, composent en Angleterre l'effectif des écoles industrielles, soit, et c'est la principale lacune du projet de loi, en ce qui concerne les plus jeunes enfants, ceux qui ont moins de 10 à 12 ans lors de la première arrestation et dont il est impossible, pour aucun motif et sous aucun prétexte, d'admettre une part quelconque de discernement ou de culpabilité (¹).

Je ne suis certes pas de ceux qui ne veulent voir dans le changement de dénomination projeté (la substitution du nom de maison de réforme à celui de maison d'éducation correctionnelle) qu'un heureux changement d'éti-quette.

Le choix des mots est excellent. Il convient de laisser à chaque institution le nom qui lui appartient. L'école, le refuge sont des désignations acceptables pour ce qui est relatif aux enfants malheureux, mais non coupables, tandis qu'à défaut de l'expression plus caractéristique de maison d'éducation correctionnelle, on doit au moins avoir celle de maison de réforme pour ce qui s'applique aux enfants qu'on veut arrêter sur la pente de la criminalité.

Il faut éviter d'associer la bienfaisance à la

(1) M. Choppin a bien su voir en peu de temps les inconvénients du séjour des plus jeunes enfants dans les colonies pénitentiaires Il a donc provoqué et facilité la création de quelques maisons spéciales où l'éducation des jeunes détenus du premier âge est confiée à des religieuses. On pourra évidemment profiter de cette initiative, réparer par ce moyen l'une des omissions du projet de loi, mais il restera toujours le stigmate pénitentiaire et l'effet *du passage dans les prisons départementales.*

répression pénitentiaire. Elles doivent se compléter l'une par l'autre et non se confondre ([1]).

Mais, s'il n'y a qu'à applaudir à la bonne inspiration de la commission d'enquête parlementaire touchant le nom des établissements destinés aux enfants qui ont comparu devant les tribunaux, il pourrait n'en être pas tout à fait de même pour quelques-unes des conséquences probables des changements de régime qui semblent devoir être adoptés.

Il suffit de lire attentivement le rapport de M. Voisin pour connaître le caractère et le but du système d'éducation qui serait organisé.

Suivant ce rapport, les maisons d'éducation correctionnelle, devenues des maisons de réforme, devront faire une plus large part à l'instruction et à l'enseignement professionnel; on aperçoit même quelque tendance à faire augmenter encore le bien-être matériel.

Il y a certainement beaucoup à faire pour l'enseignement professionnel. Quant à l'enseignement scolaire, on donne maintenant jusqu'à quatre heures de classe par jour dans certaines colonies. Il n'y a plus qu'à améliorer les procé-

(1) Opinion exprimée par M. Charles Lucas dans un de ses rapports à l'Académie française.

dés pédagogiques pour que l'école soit profitable et même pour qu'on en diminue parfois la durée dans quelques colonies publiques.

Le régime matériel prescrit par les règlements a permis d'obtenir un excellent état sanitaire. A moins de rendre insupportable au libéré le régime alimentaire des ouvriers agricoles, il faut renoncer à toute idée de changer la composition du pain et des vivres de cuisine.

Il ne faut pas non plus oublier qu'en outre des conditions d'existence très-supportables au point de vue de la nourriture, du travail, des vêtements, les jeunes détenus trouvent dans la plupart des colonies des cours de musique instrumentale et vocale, des exercices de gymnastique, l'apprentissage des mouvements militaires et même du maniement et de l'usage du fusil. Il y a déjà de bien douloureuses comparaisons avec les privations subies par les enfants pauvres et il serait dangereux d'aller plus loin dans cette voie.

La commission d'enquête parlementaire a dû bien voir aussi les divers aspects de la question. Seulement le système qui a été préféré ayant pour objet de pourvoir, à l'aide *d'une seule catégorie d'établissements,* aux exigences multiples des diverses catégories de jeunes détenus, on s'est placé sur un terrain qui pourrait bien ne convenir ni aux unes ni aux autres.

Dans l'ordre d'idées du rapport sur le projet de loi, les maisons de réforme étant amenées fatalement à prendre la place de ce qui doit être réservé aux institutions *préventives et d'assistance publique,* il a fallu laisser entrevoir de nouveaux adoucissements, puis une meilleure organisation de l'enseignement scolaire et de l'enseignement professionnel.

Or, il n'est pas douteux qu'en mettant en pratique de pareils projets, la population des maisons de jeunes détenus, qui a déjà quadruplé par l'effet de la loi de 1850, atteindrait prochainement des chiffres énormes, probablement 25,000 ou 30,000, sinon plus encore, par la puissance d'attraction de l'organisation semi-pénitentiaire, semi-charitable de ce que l'on se propose d'instituer sous le nom de maisons de réforme (¹).

J'essaierai de montrer plus loin à quel point

---

(1) Il y a aussi la question de la dépense; l'enseignement professionnel exige, pour la partie industrielle, des fabrications très-onéreuses, surtout lorsqu'elles sont faites au compte de l'Etat. Avec 20,000 enfants dans les maisons de réforme, la dépense atteindrait bien vite dix à douze millions chaque année.

il est dangereux d'engrener une pareille masse d'individus dans l'un des rouages, si enguirlandé qu'il soit, du service pénitentiaire. Voyons d'abord si cette disposition serait bonne et légitime en droit et en équité.

Je crois utile, pour bien préciser ce que je veux dire à propos d'un grand nombre de jeunes détenus, de la moitié peut-être de ceux qui sont aujourd'hui retenus dans les colonies péniten- tiaires, de citer, parmi des milliers de faits de ce genre, deux exemples qui feront voir mieux que le plus éloquent commentaire le but de mes ob- servations.

Dans l'ancienne colonie de Nancy, j'aperçois et je remarque particulièrement, lors de l'une de mes visites, un petit bonhomme de taille si exigue qu'il paraissait avoir cinq ans au plus, bien qu'il eût près de sept ans ; ses camarades l'appelaient Cri-Cri. Je questionne Cri-Cri sur les causes de son arrestation. Il s'approche de moi d'un air confiant et décidé, me fait le salut militaire et me répond d'un ton d'importance : Monsieur, j'ai découché... Il avait été abandonné par ses parents, mendiants de profession. On l'avait ramassé sur la route, puis placé dans une maison de correction jusqu'à l'âge de 16 ans.

Qu'y avait-il donc à corriger où à réformer chez ce petit être?

A Cherbourg, je trouve dans une cellule où il pleurait à chaudes larmes, un petit garçon de 13 ans, d'aspect si sympathique que je demande des détails sur les motifs de son incarcération.

On me dit qu'il résulte de l'enquête qu'il a fui le domicile de sa mère, une prostituée inscrite à la police, qui amenait chaque jour chez elle de nouveaux compagnons de débauche. Il avait voulu échapper à ce milieu de honte. Sous l'empire d'une idée fixe, celle de se faire mousse, de s'expatrier, il s'était introduit furtivement à la gare de l'Ouest. Blotti dans un wagon de bagages ou de marchandises, il avait fini par arriver à destination. Chassé de la gare à son arrivée, il s'était présenté aux autorités maritimes qui, comme de juste, ne purent accueillir sa requête. Enfin épuisé, mourant de faim, mais ne voulant ni voler ni mendier, il était allé de lui-même se remettre aux mains du commissaire de police. Sur le refus de la mère de le reprendre chez elle, il y eut jugement pour vagabondage et il devait être envoyé pour deux ans dans une maison de correction. Suivant le

mot de l'un des magistrats auprès desquels je
fis quelques démarches en faveur de ce malheureux enfant, il y en a peu parmi les mieux placés
sur l'échelle sociale qui, les mêmes circonstances étant données, seraient capables d'un
aussi énergique effort vers le bien. Voilà cependant un de ceux que nous entendons amender
au moyen d'une éducation pénitentiaire.

Il est certain qu'une grande partie des effectifs actuels sont formés de cette façon, c'est-à-
dire au moyen de jugements relevant des cas
semblables de vagabondage ou des reproches de
mendicité, de petits larcins, etc. M. Bérenger
confirme cette appréciation par l'explication qu'il
a donnée à la commission d'enquête des causes
de la progression du nombre des jeunes détenus
depuis la mise en vigueur de la loi du 5 août
1850 Suivant cette explication, il n'entre pas
dans l'esprit des magistrats de faire de la bienfaisance par la répression, mais il arrive que les
envois en correction sont plus fréquents, parce
que la loi est maintenant appliquée, tandis
qu'avant 1850 on aimait mieux ne pas poursuivre une affaire que d'envoyer un enfant dans
une prison qui était un véritable foyer d'in-
fection.

Il reste à savoir, et c'est justement le point en litige, si la question de criminalité devrait être posée à l'égard d'un grand nombre de ces enfants. Je comprends que l'article 67 et, à défaut, l'article 66 du Code pénal, soit applicable aux meurtriers, aux incendiaires, aux auteurs de vols graves ou d'attentats aux mœurs, mais on peut être d'un avis différent en ce qui concerne des mendiants ou des vagabonds âgés de moins de 12 ans ou quel que soit leur âge, lorsqu'il s'agit d'enfants inculpés de petits délits comme, par exemple, d'avoir pris des pommes dans un verger.

On ne peut méconnaître le danger d'une aussi évidente confusion de divers contingents qui devraient rester absolument distincts. Prenons un tableau de statistique et nous trouverons bien aisément les éléments d'une classification semblable à celle qui fait l'objet de l'effectif spécial des écoles de réforme du système anglais. Voici ce qui s'est produit en France pendant l'année 1874 :

14 jeunes détenus avaient été jugés pour des faits d'empoisonnement ou d'assassinat ;

178 pour meurtre, coups et blessures ;

172 pour incendie (¹);

495 pour attentats à la pudeur;

367 pour vol qualifié, faux et fausse monnaie (²).

Ainsi, 1,226 jeunes détenus s'étaient rendus coupables des crimes les plus graves et il y avait parmi eux 495 enfants déjà assez corrompus pour avoir commis des attentats à la pudeur. Il est aisé de s'imaginer l'influence funeste de ces précoces malfaiteurs à l'égard de leurs camarades des autres catégories et quelle peut en être la triste conséquence.

On se tromperait étrangement et ce serait la cause de bien des déceptions, si on ne voyait la colonie pénitentiaire qu'à travers le prestigieux et populaire spécimen de Mettray. Il ne faut pas perdre de vue qu'il y a eu dans beaucoup d'établissements un état moral des plus désolants. Sans parler de craintes trop souvent justifiées au sujet de goûts contre nature, d'excitations

---

(1) Crime relativement très-fréquent de la part des enfants
Il y a autant de cas d'incendie par le fait des enfants que par celui des adultes
(2) Pour le surplus il y a :
    5,680 jugements pour vol ;
    2,663   —   pour mendicité et vagabondage ;
     122   —   pour divers délits ;
    156 ordonnances à la requête des parents.

déplorables, ne se souvient-on plus de la catas-
trophe de l'île du Levant, de ces centaines d'enfants qui, enivrés d'eau-de-vie, poussés par les
plus mauvais d'entre eux, incendièrent l'établissement, firent brûler vifs plusieurs de leurs
camarades et tuèrent aussi un homme honnête
et courageux qui voulut mettre obstacle à leurs
forfaits ?

La dépravation qui s'effectue par certains
attouchements est partout à redouter. Je citerai,
par exemple, un établissement où je fus envoyé,
il y a une dizaine d'années, pour faire une vérification de comptabilité et où je découvris incidemment des indices de relations immorales
qui, à la suite d'une vérification médicale, firent
constater que plus de deux cents enfants étaient
contaminés par la pratique de la pédérastie.

Ce sont là de cruelles vérités dont on ne parle
qu'à regret, mais dont il faut tenir compte pour
voir où l'on va ; je sais bien que la fermeture de
quelques colonies, l'activité du contrôle exercé
par l'administration centrale ont fini par remédier à quelques-uns des plus graves inconvénients
de la promiscuité dans les colonies pénitentiaires. Il est vrai aussi que, d'après les intentions du
projet de loi, la création des maisons de réforme

a justement pour objet l'amélioration relative
du régime imposé aux jeunes détenus. Cependant on ne peut concevoir l'espérance d'obtenir
par ce régime, si perfectionné qu'il soit, la dis-
parition des mauvais instincts, l'effrayante et
ingénieuse perversité de ceux de ces jeunes détenus qui ont contracté dans les grands centres
de population, tels que Lyon, Paris ou Marseille,
le germe et la science d'expansion de tous les
vices (¹).

Quoi qu'il en soit à cet égard, et en admettant
un instant l'innocuité de la vie en commun dans
les grandes maisons pénitentiaires, il resterait
toujours à tenir compte, pour les enfants peu
âgés ou non coupables, d'une objection de la
plus haute importance, c'est-à-dire le danger
et l'iniquité de leur séjour dans les prisons départementales.

J'ai exposé dans une autre partie de ce travail ce qui m'a paru de nature à mettre en
relief les fâcheux résultats de l'emprisonnement pour de petites peines. Ces considéra-

---

(1) Il convient de rappeler que le nombre relatif des récidivistes a diminué par la mise en pratique de la loi de 1850, mais
que, détail inquiétant et dont il reste encore à bien spécifier l'enseignement, le chiffre total annuel des récidivistes anciens jeunes
détenus a été porté de 700 à 1,250 environ.

tions sont bien plus décisives encore lorsqu'il s'agit des jeunes détenus.

Je ne suis pas enclin à montrer quelque faiblesse, à faire parade d'une hypocrite sensiblerie à propos des adultes. J'ai dit résolûment toute ma manière de voir au sujet des erreurs de la transportation, mais en ce qui concerne de malheureux enfants aussi dignes d'intérêt que ceux dont j'ai parlé plus haut, soit ceux qui sont peu âgés ou dont les fautes vénielles sont dues à la misère ou à un mauvais entourage, j'avoue que je me laisse aller volontiers à la plus extrême indulgence et que je ne me lasserai pas de réclamer pour eux les secours de la charité publique. Il m'est impossible de m'accoutumer à voir de sang-froid, sans éprouver des sentiments d'indignation et de colère, de pauvres petits êtres de 7, 8, 9 ou 10 ans qui, sous prétexte de délits dont les parents sont seuls responsables, se trouvent renfermés pendant des mois entiers dans les maisons d'arrêt ou de justice. On ne peut ni les distraire, ni les occuper. — On les voit tristes, mornes, accroupis dans un coin de chambre ou de cellule, où ils sont livrés à l'isolement et à un farouche désespoir ou, ce qui est pire encore, abandonnés aux suggestions d'un ou de plusieurs camarades plus âgés et vraiment corrompus. Pour les petites filles, la situation n'est pas moins périlleuse. On est souvent forcé, faute de locaux, de les placer dans des chambres communes où elles vivent à côté de femmes détenues, parmi lesquelles il y a des voleuses de profession, des filles publiques, etc.

Le passage dans la maison d'arrêt laisse toujours une trace ineffaçable qu'il peut être nécessaire d'infliger aux enfants pour lesquels il y a sérieusement à poser la question de discernement en cas de culpabilité, mais à laquelle il est imprudent et cruel d'assujettir tous les autres. Quelle que soit l'efficacité de l'éducation dans les maisons pénitentiaires, s'appelassent-elles maisons de réforme, il est certain que l'enfant devenu homme aura gardé le souvenir, l'empreinte du passage au dépôt de police, à la Roquette ou dans les prisons départementales. — A un certain moment, à la moindre velléité de défaillance, il ne sera point arrêté par un sentiment de dignité personnelle, ni surtout par la peur d'une incarcération dont il a déjà subi l'expérience.

J'invoquerai au besoin, sinon pour soutenir

une thèse qu'il serait superflu de défendre, mais bien pour mieux caractériser l'importante gravité d'une mesure d'emprisonnement dans le cas particulier qui nous occupe, quelques conclusions de M. Sanborn, président de la Société nationale américaine pour la réforme des prisons (¹). Voici ce qu'il dit à cet égard :

« Une partie de l'influence de la prison con-
« siste dans l'effroi qu'elle inspire, mais cet
« effroi s'affaiblit ou disparaît par l'habitude.
« L'État perd de son prestige sur l'enfant vi-
« cieux en l'arrêtant, tandis que la prison, le
« corps de garde même reste un objet de ter-
« reur pour celui qui n'a jamais été incarcéré.
« Envers les hommes et les enfants qui se sont
« rendus coupables une première fois et spé-
« cialement les jeunes détenus, on ne devrait
« user de la prison qu'à *la dernière extrémité*.
« — Ce n'est que dans le cas d'évidence abso-
« lue qu'on devrait y avoir recours, se souve-
« nant que les effets n'en sont efficaces et re-
« doutables *qu'une fois*, et que ceux qui se sont
« familiarisés avec elle finissent par la mépri-
« ser. L'abus de la prison devient ainsi la
« source d'un grand et irréparable mal. »

(1) *La Question pénitentiaire*, par M. le pasteur Robin.

Or, cet abus de la prison existe dans notre pays, et nous préparons une législation pour le maintenir non-seulement pour les enfants présumés coupables de crimes de quelque gravité, mais encore pour l'étendre à d'autres enfants dont le seul tort est, d'avoir commis une légère faute ou même d'être la victime d'un malheur immérité. Est-ce que cela est juste ? Est-ce que cela doit être plus longtemps toléré? Que ceux qui doutent ou hésitent s'arrangent de façon à aller voir et interroger par eux-mêmes quelques-uns des pauvres petits misérables qui sont détenus dans une maison d'arrêt, et je leur garantis qu'ils renonceront pour toujours à toute idée de préparer une législation consacrant, en ce qui concerne certaines catégories desdits enfants, l'incarcération préventive et l'usage excessif des dispositions de l'article 66 du Code pénal.

Il n'y a aucune atténuation à attendre du palliatif mentionné au projet de loi, lequel porte que les enfants prévenus et accusés pourront être placés dans les colonies pénitentiaires. On ne pourra presque jamais profiter de cette autorisation.

Je m'associe donc au vœu exprimé par M. le

pasteur Robin, en venant demander aux anciens membres de la commission d'enquête parlementaire, aux esprits éminents qui composent le conseil supérieur des prisons, à tous les hommes éclairés et impartiaux qui peuvent être juges de la question, s'il n'y a rien de mieux à imaginer qu'un système d'ensemble qui, abstraction faite de tout autre inconvénient, aurait certainement pour résultat de maintenir l'emprisonnement préventif des enfants assimilables à ceux qui forment le contingent des écoles industrielles de l'Angleterre, et des maisons de Ruysselède et de Beernem en Belgique,

Il faut évidemment échapper à des errements aussi regrettables. Or, le seul moyen pratique d'y arriver consiste dans l'abandon d'une combinaison s'appliquant à toutes les catégories et, partant, ne convenant pas précisément à chacune d'elles (¹).

(1) Il ne s'agit pas ici de nouveautés, d'une opinion personnelle mais d'appréciations qui sont partagees par la majeure partie des hauts fonctionnaires de l administration pénitentiaire. Voici textuellement ce que disait M de Joinville dans un rapport qui a ete lu à la commission d enquête après avoir ete approuvé par le conseil de l'inspection generale des prisons :

« Un membre de la commission d enquête parlementaire « (M. Robin) a fait une proposition plus radicale et dont l'objet

La distinction si équitable qu'il y aurait à établir permettrait de réduire au strict nécessaire l'effectif des maisons de réforme. — Elles resteraient alors affectées aux plus âgés et aux plus coupables de ceux qui ont été acquittés comme ayant agi sans discernement, soit à la moitié au plus des 9,500 jeunes détenus formant la population actuelle des colonies pénitentiaires des deux sexes.

Puis, suivant l'ordre d'idées dans lequel je me suis placé, la loi nouvelle consacrerait en principe la création d'institutions préventives

« eût été de soustraire absolument à l'action de la répression
« pénale, pour les placer sous la main de la charité et de l'assis-
« tance, les enfants mineurs de 12 ou tout au moins de 10
« ans. Dans la pensée de l'auteur de cette proposition, il semble
« bien rigoureux de faire, dans tous les cas, peser une responsa-
« bilité pénale sur des êtres aussi jeunes, et l'éducation correc-
« tionnelle n'étant évidemment pour eux qu'une forme déguisée
« de l'assistance, il serait rationnel de leur en assurer intégra-
« lement le bienfait sans lui donner le caractère d'une répres-
« sion pénale, si mitigée qu'elle puisse être.

« Votre commission n'a pas hésité à reconnaître les services
« considérables que rendaient dans notre pays des institu   '
« conçues sur le modèle des écoles industrielles de l'Anglet '
« elle ne peut aujourd'hui que hâter de ses vœux le me '   '
« ou les enfants mineurs de 12 ou tout au moins de 10 a. °
« pourront être placés, comme en Angleterre, dans des établi
« ments charitables, mais du moins elle insiste vivement pou.
« qu'à l'exemple de ce qui se passe à l'égard des sociétés de
« bienfaisance, l'État provoque et encourage par tous les moyens
« en son pouvoir, fût-ce même par la promesse de subventions
« pécuniaires, la fondation d'établissements de ce genre. »

sous la forme d'écoles ou de maisons de refuge
agricoles, industrielles et maritimes, renfermant
les enfants les plus jeunes, ainsi que les malheureux, les abandonnés d'un âge plus avancé,
ceux encore qui, coupables d'un petit larcin,
auraient été immédiatement jugés excusables
sans qu'il ait été nécessaire de les assujettir à
une information judiciaire comportant l'emprisonnement préalable. Il va sans dire que les
enfants seraient dirigés de suite sur ces établissements. Ce serait, je ne saurais trop insister sur ce point, non une institution ayant à
un degré quelconque l'attache pénitentiaire,
mais une œuvre d'assistance publique, de pure
bienfaisance, qui pourrait devenir une obligation départementale, avec droit de recours proportionnel contre les communes, avec la réserve pour lesdites communes de faire payer
les parents ayant des ressources suffisantes (¹).

(1) Il est à remarquer que des mesures dans ce sens seraient
bien moins coûteuses pour l'État ou les départements qu'une
extension du nombre des maisons pénitentiaires
Voici sur ce point des indications que j'extrais du rapport de
l'inspection générale des prisons à la commission d'enquête
parlementaire :
« Sans chercher à assimiler la condition de la dépense, il
« n'est pas impossible de trouver un terme de comparaison dans
« les errements pratiqués en matière d'assistance publique. On
« sait que les enfants assistés, lorsqu'ils ont atteint l'âge de

Je n'ignore pas que les avantages du système que je viens de développer ne seront pas discutés, mais qu'on y opposera des fins de non-recevoir tirées de la difficulté d'en obtenir la mise à exécution.

Il me paraît, pour ma part, qu'on se trouverait en présence d'une entreprise très-laborieuse, mais non d'une impossibilité absolue.

Notre pays n'est pas si peu disposé qu'on le croit à se prêter au succès des œuvres de ce genre. Nous avons aussi des hommes dévoués au bien qui ne reculent devant aucun sacrifice pour venir en aide aux déshérités et aux misérables. Pour ce qui s'applique spécialement aux maisons charitables dont je réclame la création sur une plus vaste échelle, on peut citer l'école industrielle d'Auteuil, les nombreux orphelinats agricoles où les administrations

« 12 ans, sont placés en apprentissage, soit chez le nourri-
« cier même qui les a élevés, soit chez d'autres patrons, soit
« enfin dans une colonie agricole, bien que ce dernier mode
« de placement tende de plus en plus à disparaître Dans les
« colonies agricoles on trouve le principe des subventions, mais
« ces subventions ne sont payées que jusqu'à 15 ans révolus et
« elles ne dépassent pas de 40 à 50 centimes par individu.
Or, dans les colonies pénitentiaires la dépense est au minimum de 80 centimes par journée dans les établissements privés et la subvention est payée jusqu'au moment de la sortie, soit assez souvent jusqu'à l'âge de 20 ans accomplis.

hospitalières placent leurs pupilles des deux sexes, et surtout l'institution trop peu connue de l'œuvre de l'adoption de la rue des Tournelles, dirigée par M. l'abbé Jacquet (¹).

D'ailleurs et en résumé de quoi s'agit-il, quant à présent ? Purement et simplement d'admettre, de consacrer théoriquement un principe qui sera ensuite mis en application aussi promptement que possible. Est-ce que la loi du 5 juin 1875 offre un autre caractère? Il est même évident que les maisons intermédiaires dont on aurait décidé la fondation seraient organisées avant qu'il ait été possible de mettre en vigueur, dans tous les départements, le régime de la séparation individuelle.

Les municipalités des grandes villes, telles que Paris, Lyon, Bordeaux, Lille, etc., ne refuseraient certes pas de contribuer, pour une large part, à des fondations d'une aussi incontestable utilité et qui seraient aussi conformes

---

(1) L'œuvre a des associés dans 76 diocèses. Les recettes, qui étaient de 1,174 fr. 35 c en 1859, se sont élevées à 112,264 fr. 35 c. en 1875.

Le nombre des adoptés a atteint le chiffre de 1,210, qui ont été répartis entre 180 établissements, orphelinats, colonies agricoles, asiles ruraux, ouvroirs, le plus possible à la campagne.

Il est sorti 479 enfants, rendus à leur famille ou placés comme jardiniers, laboureurs, domestiques, bonnes, femmes de chambre, etc.

aux besoins et aux tendances de notre état social. — Un courant d idées dans ce sens serait
vite établi et on verrait prochainement, j'en
suis convaincu, l'entière réussite de ce qui doit
être le complément et le corollaire de cette
partie des projets de réorganisation pénitentiaire.

§ 1 — Mode de fondation des maisons pénitentiaires de jeunes détenus. — Enseignement professionnel.

Le mode de constitution des maisons pénitentiaires ainsi que des institutions préventives
désignées sous la dénomination d'écoles de réforme, d'écoles industrielles, de refuges, d'œuvres de protection de l'enfance, etc., est presque entièrement réservé en Angleterre et en
Amérique à l'initiative privée.

Il n'apparaît pas que ces établissements
aient offert en général les inconvénients qui ont
été constatés en France par suite de la mise
en vigueur de la loi du 5 août 1850.

L'exemple des créations déjà faites et notamment le succès de la célèbre colonie de
Mettray, ont d'abord milité en faveur d'une préférence à donner aux fondations dues à l'initiative des particuliers. Il y a eu malheureusement

de fréquents et regrettables mécomptes Un certain nombre de colonies ont été créées dans un but exclusif de spéculation ou plutôt, pour ne rien exagérer, dans l'unique pensée de mettre en valeur, à l'aide de la main-d'œuvre des jeunes détenus, des terres incultes ou à peu près improductives.

Des fondateurs manquant de ressources financières, ou ne sachant pas remplir les devoirs d'éducation morale et d'instruction professionnelle qui leur étaient impartis, laissèrent se produire dans plusieurs établissements les plus graves abus. L'inspection générale eut bientôt à signaler dans plusieurs maisons des privations excessives, des châtiments inhumains et l'absence de toute disposition disciplinaire bien conçue en vue d'amender les jeunes détenus Il fallut par conséquent provoquer la fermeture des établissements se trouvant dans de pareilles conditions, et l'administration se trouva bientôt dans l'obligation d'augmenter le nombre des colonies publiques, non-seulement afin de conserver une suffisante liberté d'action vis-à-vis des colonies privées, mais encore et tout simplement pour ne pas avoir à laisser dans les maisons d'arrêt et de justice un certain nombre d'enfants jugés par application de l'article 66 du Code pénal.

On remarque dans les conditions d'existence qui sont faites aux colonies privées, fondées dans les pays cités plus haut, une particularité qui peut suffire pour expliquer en partie l'échec relatif dont il vient d'être parlé. — En Angleterre et plus encore en Amérique, l'État ne contribue que dans une mesure plus restreinte aux dépenses des écoles de réforme et des écoles industrielles (¹). Aucune subvention n'est accordée aux refuges. Le surplus des ressources des écoles industrielles ou de réforme provient d'offrandes volontaires, de sommes payées par les parents et du bénéfice net du travail. Il est évident que ce système d'organisation nécessite à un bien plus haut degré des établissements dont la gestion soit de nature à justifier et, partant, à provoquer les libéralités à titre de contribution volontaire.

En France, au contraire, les fondateurs de colonies privées ont en général la prétention d'être *entièrement* indemnisés par l'État, et on

---

(1) La subvention de l'État est à peu près des deux tiers du montant de la dépense dans les écoles de réforme et de moitié dans les écoles industrielles. (M. Charles R. Foid Esq)

a vu dans ces derniers temps une sorte de coa-
lition invoquant, pour obtenir une augmentation du taux de l'allocation administrative, le
prix de revient de chaque journée de présence
dans les colonies publiques.

Notre système, en outre qu'il est plus coûteux,
n'apporte donc pas les mêmes atténuations aux
considérations d'intérêt personnel chez les particuliers qui ont fondé des colonies privées.

Il faut avouer, toutefois, que ces précédents,
plus que suffisants pour justifier la coexistence
dans notre pays des colonies publiques et des
colonies privées, ne doivent pas faire abandonner l'espérance d'obtenir de certaines institutions charitables, ou même par l'initiative des
particuliers, un concours répondant mieux à ce
que l'on croyait pouvoir en attendre.

L'État peut à la rigueur créer et gérer des
colonies publiques exclusivement agricoles,
mais il n'en serait plus de même s'il s'agissait
de maisons ou d'écoles dans lesquelles l'enseignement professionnel devrait être industriel
ou maritime. — L'apprentissage industriel implique des achats de matières premières, des
ventes d'objets fabriqués, qui sont inconcilia-
bles sinon avec les aptitudes au moins avec les

traditions et les errements du fonctionnaire public. S'imagine-t-on des employés fabriquant et cherchant la vente d'objets de quincaillerie, d'ébénisterie, etc.? Ils y seraient malhabiles et surtout bien gênés par les règlements administratifs. Les essais dans ce sens ne sont guère encourageants. Ils ne s'appliquent cependant qu'à la confection de produits non destinés à la vente, mais bien à l'usage des pénitenciers. Comment arriverait-on à accoutumer des agents de l'État à rechercher dans les ports certains travaux, corvées, manœuvres sur les navires, etc., qui y constituent l'élément le plus considérable des recettes au moyen de la main-d'œuvre des enfants? En définitive, on ne saurait parvenir à diversifier l'enseignement professionnel et à se conformer, à cet égard, au vœu du projet de loi qu'en autorisant des dépenses dont le chiffre serait proportionnellement trop élevé. Il vaudrait mieux faire en sorte, par conséquent, de fonder avec l'aide des particuliers des établissements dont la gestion serait plus satisfaisante que par le passé.

Il me semble, malgré le peu de succès de quelques-unes des premières tentatives, qu'il n'y a pas à y renoncer et qu'il convient de demander à un meilleur mode de constitution et de répartition des établissements privés, la bonne et entière observation d'une partie de la loi.

Quels sont en effet les reproches qui peuvent être plus particulièrement adressés à ces établissements? C'est d'abord d'avoir occasionné de fréquents abus de régime qui, le plus souvent, avaient été motivés par l'insuffisance des ressources du fondateur;

Puis ensuite le manque de sécurité pour la durée de colonies fondées sur des domaines qui peuvent être ultérieurement vendus ou partagés;

Et enfin la prédominance de l'intérêt individuel venant s'opposer aux améliorations nécessaires ou à ce que l'on facilite les mises en liberté provisoire et les engagements dans l'armée.

Il me paraît que la majeure partie de ces inconvénients disparaîtrait bientôt si on instituait *deux catégories distinctes* de colonies privées.

En ce qui concerne la première, celle qui comprendrait seulement les grands établissements, on écarterait les idées de spéculation, soit en assujettissant ces établissements à l'obligation d'en faire, comme à Mettray, des œuvres reconnues d'utilité publique, soit en exigeant que la gestion en soit confiée à des congrégations ou à des sociétés civiles fondées par parts ou par actions, dans un but manifeste de charité et de Lien social.

Il y aurait d'ailleurs à examiner, lors de la fondation, les ressources au point de vue de l'enseignement professionnel et de l'exploitation agricole, en ayant soin d'éviter les travaux de grande culture, qui ne sont relativement pas assez rémunérateurs, et en signalant par contre les avantages incontestables de produit et de facilités d'apprentissage résultant des menus travaux de culture maraîchère, d'arboriculture et de viticulture. C'est pour avoir bien su apercevoir ce qui convient le mieux pour utiliser la main-d'œuvre des enfants que M. Charles Lucas a pu créer, au Val-d'Yèvre, une colonie agricole aussi prospère au point de vue disciplinaire qu'au point de vue financier.

Des dispositions dans ce sens écarteraient les plus dangereuses excitations de l'intérêt individuel. Elles mettraient fin aussi aux dangers provenant de la loi des partages.

Diverses considérations d'une certaine gravité sont de nature à faire adopter, pour le surplus de l'effectif (c'est-à-dire le contingent qui ne pourrait trouver place dans les grands établissements d'utilité publique, ou de constitution analogue), un important changement dans le chiffre maximum des jeunes détenus des maisons de réforme ou autres, qui seraient visées dans la deuxième partie de mon projet.

J'ai déjà mis en relief les dangers inévitables des grands foyers de perversité où se trouvent réunis, à côté d'enfants peu ou non coupables, des jeunes détenus ayant commis avec plus ou moins de discernement des crimes aussi graves que ceux dont j'ai donné plus haut la triste nomenclature. Il y aurait donc nécessité de répartir autant que possible, dans un grand nombre de petits établissements, une partie de l'effectif [1], et de ne laisser subsister qu'un nombre réduit de grandes agglomérations qui atteignent, comme à Mettray, la proportion de 700 à 800 jeunes détenus.

On a remarqué depuis longtemps, par ail-

---

[1] Le conseil de l'inspection générale des prisons a approuvé, dans le rapport de M. de Joinville, des considérations dans ce sens.

leurs, que les maisons de petite importance n'amenaient pas les mêmes calculs, les mêmes pensées de lucre, d'âpreté au gain. En obtenant le concours de grands propriétaires fonciers ou de riches industriels, il n'y aurait plus à craindre une parcimonie excessive dans le régime économique, et on rencontrerait plus de facilités et de plus puissants moyens d'action pour l'enseignement professionnel, et notamment pour les placements au dehors.

Il est évident qu'un homme honorable, bien placé dans le monde, ne se laisserait pas séduire par l'appât d'un millier de francs à obtenir chaque année en imposant quelques privations à vingt ou trente jeunes détenus.

Pour celui-ci, la fondation d'une colonie est une affaire secondaire, accessoire, pour laquelle il aura pu tenir compte d'éventualités d'améliorations foncières à obtenir à plus bas prix, mais ce ne sera plus l'unique objectif d'une entreprise où on aura hypocritement affiché de menteuses prétentions humanitaires.

Il est plus certain encore qu'en disséminant sur tous les points du territoire de petits effectifs, on leur faciliterait l'accès des exploitations rurales ou des ateliers industriels. Le système des tout petits établissements est, du reste, celui qui est mis en pratique pour les orphelinats agricoles; c'est aussi celui qui est préféré en Angleterre pour l'organisation des écoles de réforme et des écoles industrielles. Il y a encore à dire que les embarras résultant de la suppression imprévue d'une colonie seraient à peu près nuls en ce qui concerne les maisons pénitentiaires, que je propose d'établir.

En conséquence, il y aurait lieu, à mon avis, de n'admettre, en dehors des œuvres de première importance qui pourraient être maintenues ou fondées dans les conditions ci-dessus spécifiées, que des colonies privées dont la population serait fixée au maximum à quarante jeunes détenus.

On fera probablement observer que les appels faits jusqu'à ce jour aux grands propriétaires fonciers, n'ont guère été entendus, et qu'il y a eu à cet égard, au *Journal officiel,* des publications qui sont restées sans écho. Je répondrai qu'il eût été bien étonnant qu'il en fût autrement. Comment pouvait-on espérer que des gens sérieux se prêtassent à l'organisation de petites colonies de 20 ou 25 enfants, pour

lesquels la subvention annuelle serait de sept à
huit mille francs, alors que les règlements en
vigueur portent des obligations s'élevant à dix
ou douze mille francs pour les frais généraux
(personnel, etc.) ? Il est vrai que, dans la pratique, le règlement des maisons pénitentiaires
n'est que partiellement observé dans les petites
colonies. Ce n'est là toutefois qu'une simple
tolérance ; on ne s'expose à des ennuis ou à des
réprimandes qui seraient justifiées en droit,
que lorsqu'on est entraîné par le désir de réaliser des profits dans le genre de ceux qui sont
recherchés ou obtenus dans celles des colonies
privées où la position de fondateur est une
sorte de métier dont on attend des moyens
d'existence et parfois aussi la chance de s'en-
richir.

Il faudrait donc, si l'on se décidait à entrer
résolûment dans la voie que je crois devoir indiquer, qu'il y eût pour chaque sorte d'établissement un règlement spécial venant détermi-
ner leur mode de création et de gestion, et
faisant la part, dans une sage mesure, des exigences particulières du régime et du contrôle.

Je suis convaincu que de pareilles dispositions seraient aussi bien accueillies en France

qu'elles l'ont été à l'étranger, et que nous verrions promptement de nombreuses installations de petites colonies.

La culture de la vigne, qui constitue l'une des principales richesses de notre sol, conviendrait parfaitement aux établissements de cette catégorie. On se plaint du manque de bras aussi bien dans le Médoc qu'en Bourgogne. Les travaux de ce genre nécessitent en toute saison le concours d'ouvriers de tout âge et de tout sexe. On peut y trouver l'apprentissage d'une profession procurant toujours de bons salaires. Il y aurait de bonnes perspectives d'avenir aussi bien pour les enfants que pour les viticulteurs qui se chargeraient de les élever.

Des observations d'un ordre différent, mais tendant au même but, pourraient être présentées à propos de l'apprentissage industriel ou maritime que le projet de loi entend autoriser en faveur des enfants d'origine urbaine. Il importe cependant, à ce sujet, de ne pas perdre de vue l'influence salutaire et réconfortante de la vie des champs, sur l'état de santé et la robusticité des jeunes détenus. On ne peut méconnaître les bienfaits rapides, manifestes, du travail au grand air, pour des enfants affaiblis ou étiolés

par la corruption physique et morale. Il serait
préférable, pour ce motif, de ne permettre que
la création de colonies mixtes, dans le genre
de celle d'Oullins, où il y a des ateliers de culture maraîchère ou horticole et d'excellents
ateliers industriels.

§ 2 Des engagements dans l'armée.

L'examen et l'appréciation des divers détails
d'organisation, dont il est parlé dans le rapport
de M. Voisin, ne sauraient entrer dans le cadre
de cette publication. Je ne dois cependant pas
m'abstenir de dire quelques mots de la rédac-
tion qui serait adoptée pour les articles 66, 67
et 69 du Code pénal.

Il n'y a qu'à approuver les considérations
qui ont été exposées au sujet de la durée de
l'éducation pénitentiaire, et tout particulièrement à propos d'une anomalie d'où il résulte
que les jeunes gens condamnés en vertu des
articles 67 et 69, ne sont assujettis qu'à un
emprisonnement parfois de très-courte durée,
tandis que les enfants acquittés en vertu de
l'article 66, sont placés pendant de longues
années dans les maisons d'éducation correctionnelle.

Les précautions qui seraient prises dans le but de pouvoir retarder l'époque de la libération des jeunes garçons, jusqu'au moment de l'appel sous les drapeaux, donnent lieu seulement à quelques explications.

Il est certain que les bons effets de l'éducation administrative sont en partie compromis lorsque le jeune détenu se trouve de nouveau placé dans un mauvais milieu. Or, il est à craindre, quelles que soient les restrictions qui seraient apportées à l'autorité paternelle, que, malgré les recommandations qui lui seront faites et les conseils qui lui seront donnés, le libéré ne veuille quand même retourner auprès de ses parents. Il y a des sentiments inhérents à la nature humaine qui peuvent être affaiblis, mais qui restent encore très-vivaces, même lorsqu'il s'agit de relations de famille interrompues et altérées par la séparation ou des circonstances plus graves encore. Que l'on consulte les directeurs de colonie, et tous, à n'en pas douter, affirmeront qu'il y a chez presque tous les enfants un ardent désir, une volonté formelle de se rapprocher de leurs parents. C'est surtout lorsque la mère existe que les souvenirs de la première enfance, d'instinc-

tives idées d'affection filiale, se manifestent avec
le plus de persistance. Il faut évidemment remplir le triste devoir d'empêcher les rapproche-
ments qui peuvent avoir de funestes conséquences. La commission d'enquête a donc été
bien inspirée en retardant, jusqu'au moment de
l'appel sous les drapeaux, l'époque de la mise
en liberté de ceux des jeunes détenus qu'il
serait dangereux de rendre à leur famille.

Il est absolument certain que l'engagement
dans l'armée est la voie de salut la plus sûre
pour les jeunes libérés. Les sévérités de la discipline militaire, l'influence d'un milieu où
dominent les traditions d'honneur et de probité achèveront presque toujours la guérison
morale commencée dans la maison pénitentiaire. Nous disposons, à cet égard, de moyens
d'action dont il serait bon de tirer tout le parti
possible. Puisqu'il faut inévitablement que chacun soit soldat, pourquoi retarder jusqu'à l'âge
de 20 ans et demi, et parfois de 21 ans l'é-
poque de l'entrée au régiment? Le séjour à la
colonie est difficilement accepté par les jeunes
gens qui ont dépassé l'âge de 18 ans, et il arriverait fréquemment que l'éducation correctionnelle ou réformatrice serait prolongée dans une

proportion relativement inutile et parfois même dangereuse. Je voudrais, par conséquent, qu'il devînt possible d'engager ou d'incorporer d'office dans l'armée, dès l'âge de 18 ans, tous ceux des jeunes détenus pour lesquels l'état de santé ou la conduite ne seraient pas un obstacle insurmontable à l'adoption d'une mesure de ce genre.

Conclusions. — Il y aurait de bien nombreuses observations à ajouter touchant le programme des améliorations à apporter dans le régime des maisons pénitentiaires — Les règlements relatifs au service intérieur, les dispositions à prendre dans le but, soit d'intéresser directement les colonies privées à favoriser les mises en liberté provisoire, soit de diriger en Algérie et d'y acclimater pour toujours un certain contingent d'orphelins ou de jeunes détenus appartenant à des familles notoirement immorales, exigeraient des développements dont je n'ose assumer la trop lourde tâche. Je crois donc devoir m'en tenir, quant à présent, à une sorte de résumé des principaux désiderata dont il est indispensable de se préoccuper à l'occasion de l'examen du projet de loi, savoir :

1° En outre des mesures répressives et comminatoires qui doivent faire l'objet des maisons de réforme, compléter le projet de loi en faisant un choix de dispositions *préventives* analogues à celles qui ont été organisées en Angleterre et en Belgique.

Créer à cet effet une série d'établissements, orphelinats agricoles ou manufacturiers, ou écoles industrielles, qui, bien que n'ayant aucune attache pénitentiaire, disposeraient du droit de retenir les vagabonds, les mendiants, les enfants abandonnés, etc., et où tous ces enfants ainsi que ceux qui, âgés de moins de 12 ans, auraient commis pour la première fois un délit ou un crime, devraient être dirigés d'office *au moment même de l'arrestation,* sur l'ordre soit d'un magistrat, soit d'un officier de police judiciaire, et ce *sans avoir franchi le seuil d'une maison d'arrêt.*

Faire de ces établissements intermédiaires une œuvre d'assistance publique et non de répression pénale ou d'amendement pénitentiaire, et les laisser à la charge des départements, avec droit de recours contre les communes, lesquelles, de leur côté, seraient autorisées à user du même privilége vis-à-vis des parents.

2° Admettre la coexistence des colonies publiques et privées avec une nuance de préférence pour ces dernières, à la condition toutefois de n'admettre pour les grands établissements que des institutions reconnues d'utilité publique ou qui offriraient des garanties de même nature, puis disperser le surplus des effectifs dans de petites colonies privées, agricoles ou partie agricoles et manufacturières permettant de séparer les contingents d'origine urbaine de ceux qui proviennent de la population rurale. Ces petites maisons devront former l'accessoire et non l'objet principal d'une exploitation rurale ou autre et ne pas dépasser un maximum d'effectif de quarante jeunes détenus.

3° Rechercher le succès des placements au dehors, non-seulement par le patronage, mais encore en intéressant pécuniairement les colonies privées à effectuer et à surveiller lesdits placements.

4° Faire inscrire à la loi de recrutement la faculté pour les chefs d'établissement d'imposer un devancement d'appel en ce qui concerne les jeunes détenus valides qui auront atteint l'âge de 18 ans. En raison de leur situation particulière, des sacrifices qu'ils ont coûté à l'État et

surtout de la convenance de les maintenir longtemps à l'armée, il y aurait à priver ces jeunes
détenus du bénéfice du tirage au sort.

Il est à espérer, quoi qu'il en soit des propositions qui précèdent, que les Chambres repren-
dront promptement des études déjà presque
achevées par l'Assemblée nationale, et qu'on
saura adopter une bonne législation d'ensemble
évitant toute confusion entre des catégories
d'enfants bien distinctes par l'âge ou par les
motifs de l'arrestation. Cette législation est indispensable, fût-elle même en partie théorique
comme celle qui s'applique aux prisons départementales. Suivant le mot de l'un des maîtres de
la science pénitentiaire, M. Ch. Lucas, ce qui
touche l'éducation des enfants malheureux,
égarés ou coupables, est la vraie et principale
base du succès de la réforme pénale.

CHAPITRE VI.

PATRONAGE ET COMMISSIONS DE SURVEILLANCE.

———

Organisation d'ensemble au moyen des commissions de
surveillance. — Le patronage ne doit être ni un mode de
surveillance ni un privilége. — Nécessité de fonder des
maisons de refuge.

Je ne répondrais sans doute pas à l'attente de
ceux qui me feront l'honneur de me lire, si
j'omettais de dire quelques mots des institutions
de patronage qui ont été fondées ou qui sont en
voie de formation, soit en faveur des adultes,
soit plus particulièrement en vue de protéger
et de secourir les jeunes détenus rendus à la
vie libre.

Il y a maintenant, sinon dans l'opinion publique, au moins chez les personnes qui s'occupent de la question pénale, une tendance
marquée à voir dans ces institutions une sorte

de complément de l'action pénitentiaire. Une
étude d'ensemble resterait donc inachevée si elle
ne comprenait pas quelques observations touchant les projets dont M. de Lamarque, chef de
bureau au ministère de l'intérieur, a été l'apôtre
convaincu et l'infatigable initiateur.

On ne peut que rendre un sincère hommage
à tous ceux qui se sont dévoués au succès
du patronage. Il est à craindre peut-être que
la somme de bien à recueillir ne soit pas en
proportion des difficultés d'une aussi laborieuse entreprise. J'avoue que, pour ma part, je
compte plus sur la loi du 5 juin 1875 pour restreindre la criminalité. Il y a toutefois, chacun
doit le reconnaître, de bien sérieux motifs de
ne pas rester indifférent à d'aussi graves intérêts.

Les institutions protectrices de la nature de
celles dont il s'agit, sont absolument indispensables en ce qui concerne les jeunes détenus.
Pour les adultes, il est humain et sage de montrer aux condamnés que la société leur offre et
leur procure après le châtiment des moyens de
réhabilitation par le travail. Il est à considérer
encore que, dans certains cas, la rechute serait
à peu près inévitable si on ne disposait pas de

quelques secours immédiats et si des gens autorisés ne venaient pas témoigner du repentir et des intentions de bonne conduite du prisonnier libéré.

Je me propose donc, non de fournir des arguments pour justifier certaines hésitations, mais au contraire de rechercher les meilleurs moyens d'organisation définitive d'une œuvre qui en est toujours à ses premiers débuts

Il n'y a pas à s'étonner que l'honorable M. Bérenger ait demandé l'ajournement de la préparation d'un projet de loi sur le patronage. Il est nécessaire, en effet, de coordonner des dispositions dans ce sens avec les convenances du régime de la séparation individuelle et en tenant compte de l'expérience des autres pays, des mœurs et du tempérament national et notamment des moyens d'action qui peuvent être mis en mouvement et utilisés. On doit se demander, par ailleurs, si les sociétés de patronage seront entièrement indépendantes comme en Angleterre et en Hollande, ou si elles auront une attache semi-officielle de même qu'en Amérique et en Irlande, ou bien dans une mesure encore plus restreinte, suivant ce qui se pratique en Allemagne, en Autriche et en Suisse. Le problème est certainement des plus embarrassants. Toutefois, comme je n'ai pas à prendre la responsabilité d'un projet de loi, qu'il ne s'agit que de propositions à émettre, je puis exposer sans le moindre inconvénient mes appréciations à cet égard.

Je ferai remarquer tout d'abord qu'un acte législatif traçant les conditions d'existence des institutions de ce genre peut être jugé nécessaire. En Angleterre, où la création des sociétés de patronage est volontaire, il y a eu néanmoins un acte du parlement à la date du 17 juillet 1862. A plus forte raison y aurait-il à recourir en France à des dispositions législatives si, suivant ce que je présume, il était bien constaté que nous ne pouvons nous passer du concours et du contrôle de l'État. Jusqu'à présent, c'est principalement par des fonctionnaires que l'idée du patronage a été propagée et mise en pratique. Nous n'avons évidemment pas la liberté du choix. Il est difficile d'attendre des particuliers, de l'initiative privée ce qui a pu être obtenu en Angleterre et en Hollande. Des instructions ministérielles réitérées et très - pressantes n'ont pu vaincre en France l'apathie des uns ou les préjugés des autres. Il y aurait peu d'espoir de donner au patronage une extension suffisante (¹) si on ne se décidait pas à l'organiser sinon avec la gestion administrative, ce qui serait trop, mais au moins à l'aide de l'impulsion directe de l'État.

Ce premier point étant admis, on se trouverait amené à prendre pour base de l'institution les commissions de surveillance et à les transformer en sociétés de surveillance et de patronage.

Il a paru seulement jusqu'aujourd'hui que ce changement ou plutôt ce surcroît d'attributions devait être non pas imposé, mais seulement recommandé Il me semble qu'il n'y a pas d'inconvénient à ce qu'il soit décidé officiellement que les commissions de surveillance seront en même temps des sociétés de patronage auxquelles la société générale fondée à Paris servirait de comité de direction et de lien central.

Il est peu à redouter que les membres des commissions susdésignées se refusent à se prêter à une combinaison de ce genre. On serait libre, au surplus, de ne pas accepter des

(1) Quant à présent, c'est tout au plus si les diverses sociétés de patronage parviennent à venir en aide à deux ou trois cents libérés hommes Pour les femmes et les enfants, les résultats sont plus considérables.

fonctions dont on ne voudrait pas subir toutes les charges.

Les expériences déjà faites montrent que le fonctionnement desdites sociétés répondrait à tous les besoins, pour ce qui concerne l'étude du caractère et de la conduite du détenu pendant la période de l'emprisonnement, mais qu'il faudrait, pour faciliter les placements au dehors, la coopération de membres titulaires ou adjoints choisis parmi les manufacturiers ou les grands propriétaires fonciers de chaque arrondissement.

L'action des sociétés de patronage, qui seraient constituées comme il vient d'être dit, devrait être bien caractérisée et limitée, de façon à éviter deux écueils qui ont été maintes fois signalés.

M. Stevens a fait observer qu'en Belgique, par exemple, l'intervention des commissions administratives des prisons avait mal réussi parce que l'on y avait vu une sorte de surveillance, et que par conséquent il eût été préférable de s'en tenir à un premier placement excluant pour l'avenir toute démarche quelconque venant prolonger l'influence du stigmate pénitentiaire.

Il est à considérer, d'autre part, qu'on dépasserait le but à atteindre si on ne restreignait pas strictement les secours de patronage *à un seul placement lors de la mise en liberté*. On établirait, en allant plus loin, une caste privilégiée parmi les déshérités de ce monde, et ce en raison directe de l'inconduite passée. On doit bien se garder de toute mesure de ce genre si on a l'intention de ne pas se heurter à certains scrupules du sentiment public. Aussi on racontait une fois, devant moi, que de pauvres ouvriers sans travail, désireux d'avoir leur part des libéralités qui sont faites aux détenus libérés, s'étaient faussement attribué des antécédents pénitentiaires. Je me suis empressé de faire remarquer que toute erreur était impossible, puisqu'il est d'usage d'exiger des passeports ou des certificats d'écrou. Il n'y a donc à retenir de cette anecdocte qu'un indice significatif des idées qui pourraient se faire jour à l'occasion du patronage, pour lequel il y a à tenir compte, comme pour toutes les choses humaines, de la question de mesure. Or, il me paraît que la société aurait bien rempli son devoir en favorisant dans de bonnes conditions un retour à la vie libre, soit lors de la sortie de prison, soit après un séjour momentané dans une maison de refuge. En cas de nouvel accident, et sauf, bien entendu, des circonstances exceptionnelles, il n'y aurait plus à s'occuper des libérés. Ils ne devraient plus alors que solliciter des secours des sociétés d'assistance existant dans chaque localité.

Les asiles ou maisons de refuge sont incontestablement un rouage indispensable. Il n'y a qu'à visiter la maison de refuge de Saint-Léonard, fondée à Couzon par M. l'abbé Villion, pour constater qu'il n'y a pas d'autre voie de salut pour les natures inertes, passives ou découragées.

On peut voir, en prenant communication des comptes rendus de la Société générale de patronage, qu'en outre de ce qu'il y a de dangereux à placer dans une hôtellerie, loin de toute surveillance, les détenus libérés qui attendent un placement, il y aurait de graves motifs à faire valoir à l'appui du projet de provoquer la création, à Paris et aux alentours de quelques grandes villes, d'établissements semblables à celui qui a été organisé par M. l'abbé Villion.

Ainsi, sur les 137 libérés dont la Société

générale s'est occupée en 1875, il n'y en avait
pas moins de 51 qui venaient de subir une
condamnation pour vagabondage. En 1876, il
y a encore 29 vagabonds parmi les 95 libérés
qui ont été secourus. Il n'est donc pas étonnant, pour s'en tenir à l'année 1875, qu'il n'y
ait eu à procurer du travail qu'à 45 individus.
Les autres, soit les vagabonds, qui sont généralement des *mendiants de profession,* ont
tout simplement sollicité et obtenu des secours
en argent et en nature. Chacun sait que les
libérés de cette catégorie ne peuvent échapper
à la récidive qu'à la condition d'être placés
dans une sorte de *work-house* où ils sont assujettis à des règles quasi-monastiques, permettant de dominer leurs mauvais instincts et
leurs goûts de paresse.

Les asiles où le travail serait *obligatoire*
comme à Saint-Léonard, et notamment les observations faites pendant le séjour en prison
sur le caractère et le tempérament de chaque
détenu (¹), sont indispensables pour déjouer

(¹) Il est absolument nécessaire de bien connaître la conduite
tenue en prison, afin de ne pas délivrer des secours ou pour
s'abstenir de toute recommandation lorsqu'il s'agit de libérés
ayant fait preuve d'une incurable perversité.

les ruses de ceux qui cherchent non à utiliser, mais à *exploiter* le patronage.

Il n'y a pas à oublier enfin les ressources en argent qu'il faudra réunir pour que les sociétés locales puissent distribuer d'urgence des vêtements ou des frais de route aux libérés. Il suffirait, dans les premiers temps, d'une cinquantaine de mille francs par an pour accorder une petite allocation à titre de première mise et d'encouragement à chacune des sociétés. On aurait recours, pour le surplus, à des collectes ou à des subventions départementales. Les efforts de la Société générale de patronage, joints à ceux de la Société générale des prisons, ne sont pas au-dessous d'une pareille tâche. Quant aux maisons de refuge, la difficulté sera évidemment bien plus grande. M. l'abbé Villion, dont le zèle, le dévouement et l'activité sont à toute épreuve, pourrait donner d'excellents conseils à ce sujet, et peut-être même susciter de nouvelles fondations.

En résumé, voici quelles seraient, suivant moi, les dispositions à examiner en vue de l'adoption d'un programme de mise en pratique du patronage, savoir :

Organisation par une loi de l'institution autorisant, mais limitant strictement l'intervention de l'administration pénitentiaire ;

Direction d'ensemble à Paris, aux mains de la Société générale, reconnue d'utilité publique par décret du 4 novembre 1875 ;

Formation, auprès de chaque prison, d'une société locale, au moyen de l'adjonction aux commissions de surveillance, du directeur des prisons et de membres nouveaux, aptes à favoriser les placements, lesquels ne devraient être facilités *qu'une seule et première fois,* soit chez des particuliers, soit dans une maison de refuge, sans qu'il y ait lieu à aucune mesure quelconque de surveillance ultérieure ;

Donner pour attribution principale, auxdites sociétés, la protection à accorder aux jeunes détenus, laquelle, à l'encontre de ce qui est relatif aux adultes, comporterait des soins individuels pendant un certain laps de temps ;

Enfin assurer l'unité de l'organisation, et arriver à ce que les diverses sociétés se prêtent un mutuel appui, en leur faisant accorder la franchise postale et quelques subsides.

ANNEXES

—

.

ART. 1er. — Les inculpés prévenus et accusés seront, à l'avenir, individuellement séparés pendant le jour et la nuit.

DU RÉGIME DES CONDAMNÉS A L'EMPRISONNEMENT.

ART. 2. — Seront soumis à l'emprisonnement individuel les condamnés à un emprisonnement d'un an et un jour et au-dessous.

Ils subiront leur peine dans les maisons de correction départementales.

ART. 3. — Les condamnés à un emprisonnement de plus d'un an et un jour pourront, sur leur demande, être soumis au régime de l'emprisonnement individuel.

Ils seront, dans ce cas, maintenus dans les maisons de correction départementales jusqu'a l'expiration de leur peine, sauf décision contraire prise par l'administration, sur l'avis de la commission de surveillance de la prison.

ART. 4. — La durée des peines subies sous le régime

de l'emprisonnement individuel sera, de' plein droit, réduite d'un quart.

La réduction ne s'opérera pas sur les peines de trois mois et au-dessous.

Elle ne profitera, dans le cas prévu par l'article 3, qu'aux condamnés ayant passé trois mois consécutifs dans l'isolement, et dans la proportion du temps qu'ils y auront passé.

ART. 5. — Un règlement d'administration publique fixera les conditions d'organisation du travail et déterminera le régime intérieur des maisons consacrées à l'application de l'emprisonnement individuel.

ART. 6. — A l'avenir, la reconstruction ou l'appropriation des prisons départementales ne pourra avoir lieu qu'en vue de l'application du régime prescrit par la présente loi.

Les projets, plans et devis seront soumis à l'approbation du Ministre de l'intérieur, et les travaux seront exécutés sous son contrôle.

ART 7. — Des subventions pourront être accordées par l'État, suivant les ressources du budget, pour venir en aide aux départements dans les dépenses de reconstruction et d'appropriation.

Il sera tenu compte, dans leur fixation, de l'étendue des sacrifices précédemment faits par eux pour leurs prisons, de la situation de leurs finances et du produit du centime departemental.

Elles ne pourront, dans aucun cas, dépasser : La moitié de la dépense pour les départements dont le centime est inférieur à 20,000 fr. ;

Le tiers pour ceux dont le centime est supérieur à 20,000 fr., mais inférieur à 40,000 fr.;

Le quart pour ceux dont le centime est supérieur à 40,000 fr.

ART. 8. — Le nouveau régime pénitentiaire sera appliqué au fur et à mesure de la transformation des prisons.

ART. 9. — Un conseil supérieur des prisons, pris parmi les hommes s'étant notoirement occupés des questions pénitentiaires est institué auprès du Ministre de l'intérieur pour veiller, d'accord avec lui, à l'exécution de la présente loi.

Sa composition et ses attributions seront déterminées par un décret du Président de la République.

PROJET DE LOI PORTANT MODIFICATION DES ARTICLES 66, 67, 69 ET 271, § 2, DU CODE PÉNAL, RELATIFS AUX MINEURS DE SEIZE ANS.

Article unique. — Les articles 66, 67, 69 et 271, § 2, du Code pénal, sont modifiés ainsi qu'il suit :

ART. 66. — Lorsque le prévenu ou l'accusé aura moins de seize ans, s'il est décidé qu'il a agi sans discernement, il sera acquitté ; mais il sera, selon les circonstances, remis à ses parents ou conduit dans une maison de réforme pour y être élevé et détenu pendant tel nombre d'années que le jugement déterminera, et qui toutefois ne pourra excéder l'époque où il aura accompli sa vingt et unième année, ou, s'il s'agit d'un garçon, l'époque où il aura été, conformément aux lois en vigueur, appelé sous les drapeaux.

ART. 67. — S'il est décidé que l'accusé a agi avec discernement, les peines seront prononcées ainsi qu'il suit : — S'il a encouru la peine de mort, des travaux forcés à perpétuite, de la déportation, il sera condamné à la peine de dix à vingt ans d'emprisonnement dans une maison correctionnelle. — S'il a encouru la peine des travaux forcés à temps, de la détention ou de la réclusion, il sera condamné à être enfermé dans une maison correctionnelle, pour un temps égal au tiers au moins et à la moitié au plus de celui pour lequel il aurait pu être condamné à l'une de ces peines. — Dans tous les cas, il pourra être mis, par l'arrêt ou le jugement, sous la surveillance de la haute police pendant cinq ans au moins et dix ans au plus. — S'il a encouru la peine de la dégradation civique ou du bannissement, il sera condamné a être enfermé, d'un an à cinq ans, dans une maison correctionnelle.

Le juge peut décider, en outre, que, à l'expiration de sa peine, il sera placé dans un quartier d'education correctionnelle, pour y être élevé et détenu pendant tel nombre d'années que le jugement déterminera, et qui toutefois ne pourra excéder l'époque où il aura accompli sa vingt et unième année, ou, s'il s'agit d'un garçon, l'époque où il aura été, conformément aux lois en vigueur, appelé sous les drapeaux.

ART. 69. — Dans tous les cas où le mineur de seize ans n'aura commis qu'un simple délit, la peine qui sera prononcée contre lui ne pourra s'élever au-dessus de la moitié de celle à laquelle il aurait pu être condamné s'il avait eu seize ans.

Mais le juge peut décider, en outre, que, à l'expiration de sa peine, il sera placé dans un quartier d'éducation correctionnelle pour y être élevé et détenu pendant tel nombre d'années que le jugement déterminera, et qui toutefois ne pourra excéder l'époque où il aura accompli sa vingt et unième année, ou, s'il s'agit d'un garçon, l'époque où il aura été, conformément aux lois en vigueur, appelé sous les drapeaux.

ART. 271. — Les vagabonds ou gens sans aveu qui auront été légalement déclarés tels, seront, pour ce seul fait, punis de trois à six mois d'emprisonnement. Ils seront renvoyés, après avoir subi leur peine, sous la surveillance de la haute police pendant cinq ans au moins et dix ans au plus.

Néanmoins, les vagabonds âgés de moins de seize ans ne pourront être renvoyés sous la surveillance de la haute police.

PROJET DE LOI SUR L'ÉDUCATION ET LE PATRONAGE DES JEUNES DÉTENUS.

CHAPITRE Ier.

ART. 1er. — Les mineurs de seize ans des deux sexes, détenus à raison de crimes, délits, contraventions aux lois fiscales, sont, pendant tout le temps de leur détention préventive, placés soit dans les maisons d'arrêt et de justice, où un quartier distinct leur est réservé, soit dans les maisons de reforme.'

ART. 2. — Les mineurs de seize ans acquittés, en vertu de l'article 66 du Code pénal, comme ayant agi sans discernement, mais non remis à leurs parents, sont conduits dans une maison de reforme.

Les mineurs de seize ans condamnés, en vertu des articles 67 et 69 du Code penal, comme ayant agi avec discernement, sont conduits dans une maison correctionnelle.

Néanmoins les mineurs de seize ans condamnés à un emprisonnement de six mois et au-dessous pourront subir leur peine soit dans le quartier distinct réservé aux jeunes detenus dans toute maison de correction départementale, soit dans la maison de reforme où ils auront passé le temps de leur détention préventive.

Les mineurs de seize ans condamnés en vertu des articles 67 et 69 du Code pénal sont, s'il y a lieu, après l'expiation de leur peine, placés dans un quartier d'education correctionnelle

ART. 3. — Les mineurs détenus par voie de correction paternelle sont enfermés dans une maison d'arrêt.

Néanmoins l'autorisation de les placer, soit dans une maison de reforme, soit dans une maison correctionnelle, pourra être accordée par le Ministre de l'intérieur, sur la demande des parents et sur l'avis conforme du procureur de la République.

CHAPITRE II. — *Maisons de réforme.*

ART. 4. — Les maisons de réforme sont des établissements publics ou privés.

Les établissements privés sont fondés, entretenus et dirigés par l'État.

Les établissements privés sont fondés, entretenus et dirigés par des particuliers, avec l'autorisation et sous la surveillance de l'État.

Une subvention peut être accordée par l'État aux établissements privés, pour la garde, l'entretien et l'éducation des enfants qui leur sont confiés.

ART. 5. — Les jeunes détenus conduits dans les maisons de réforme sont élevés soit sous le régime en commun, soit sous le régime de la séparation individuelle.

Ils y reçoivent l'instruction primaire, ainsi qu'une éducation morale, religieuse et professionnelle.

Ils sont, selon leur origine, leurs antécédents, leurs aptitudes et leur avenir présumable, appliqués à un apprentissage industriel, agricole ou maritime.

La durée du temps passé sous le régime de la séparation individuelle n'excédera pas six mois.consécutifs. Néanmoins, sur l'avis conforme de la commission de surveillance instituée conformément aux prescriptions de l'article 7, elle pourra être prolongée, mais elle ne sera jamais supérieure à une année.

ART. 6 — Toute maison de réforme privée est régie par un directeur responsable, agréé par le Gouvernement et investi de l'autorité disciplinaire déterminée par le règlement d'administration publique prévu par l'article 27 de la présente loi.

ART. 7. — Il est établi auprès de·toute maison de réforme de jeunes garçons une commission de surveillance qui se compose :

Du préfet du département ;

De l'évêque du diocèse et, s'il y a lieu, d'un ministre de chacun des cultes reconnus par l'État, nommé par le préfet ;

Du premier président de la Cour d'appel ;

Du procureur général près la Cour d'appel ;

De cinq autres membres nommés par le préfet et choisis parmi les personnes habitant la commune dans laquelle est située la maison de réforme, ou à une distance aussi rapprochée que possible.

En cas d'empêchement, le préfet, l'évêque, le premier président et le procureur général peuvent se faire remplacer par une personne spécialement déléguée à cet effet par eux.

Le préfet est de droit président de la commission.

En cas d'absence du préfet, la présidence appartient au plus âgé des membres de la commission.

ART. 8. — La commission de surveillance élit dans son sein une commission permanente composée de trois membres, pris parmi ceux qui habitent la commune dans laquelle est située la maison de réforme, ou à une distance aussi rapprochée que possible.

Le préfet nomme le président de cette commission.

ART. 9. — Il est établi auprès de toute maison de

réforme de jeunes filles une commission de surveillance qui se compose :

De l'évêque du diocèse ou de son délégué, président, et s'il y a lieu d'un ministre de chacun des cultes reconnus par l'État, nommé par le préfet ;

De cinq dames nommées par le préfet.

Dans les maisons de réforme exclusivement réservées aux enfants appartenant à des cultes non catholiques, le préfet nomme le président de la commission.

ART. 10. — Les jeunes détenus des maisons de réforme qui ont une mauvaise conduite peuvent être déclarés insubordonnés.

La déclaration d'insubordination est rendue, sur la proposition du directeur, par la commission de surveillance ; elle est soumise par le préfet à l'approbation du Ministre de l'intérieur.

Les jeunes détenus sont, après la déclaration d'insubordination, transférés dans une maison correctionnelle.

ART. 11. — Les jeunes détenus renvoyés dans les maisons de réforme peuvent obtenir, à titre d'épreuve et sous des conditions déterminées par le règlement d'administration publique prévu par l'article 27 de la présente loi, leur mise en liberté provisoire, soit pendant le cours de leur détention dans ces maisons de réforme, soit avant même leur entrée dans ces établissements.

Ils sont alors placés en apprentissage chez des particuliers. Ils peuvent aussi être confiés soit à une société de patronage, soit à leurs parents.

Les mises en liberté provisoire sont prononcées par le Ministre de l'intérieur ; le directeur de la maison de réforme, la commission de surveillance et le procureur de la République près le tribunal qui a rendu le jugement sont préalablement entendus.

ART 12. — Pendant la durée de la mise en liberté provisoire, les père et mère de l'enfant ne peuvent se prévaloir des droits qu'ils tiennent de la puissance paternelle, pour faire opposition aux mesures prises par l'administration et aux engagements contractés par elle dans le but d'assurer le placement du jeune détenu à sa sortie de la maison de réforme.

ART. 13. — Les père et mère de l'enfant conduit dans une maison de réforme peuvent être privés de la garde de sa personne jusqu'à sa majorité ou son émancipation :

1° S'ils ont été condamnés comme co-auteurs ou complices du crime ou du délit commis par cet enfant ;

2° S'ils ont été condamnés comme auteurs ou complices d'un crime ou d'un délit commis sur cet enfant, sans préjudice des dispositions de l'article 335, paragraphe 2, spécialement applicables au délit d'excitation habituelle de mineurs à la débauche ;

3° S'ils l'ont volontairement abandonné ;

4° S'ils n'ont habituellement exercé sur lui aucune surveillance ;

5° S'ils sont eux-mêmes d'une inconduite notoire.

ART. 14. — Toute demande tendant à priver les père et mère, ou l'un d'eux, de la garde de leur enfant, est introduite par le procureur de la République près le tribunal du lieu de leur domicile.

Les débats ont lieu et le jugement est rendu en chambre du conseil les père et mère dûment appelés.

Un conseil de famille, composé comme il est dit aux articles 407 et suivants du Code civil, donne préalablement son avis sur l'opportunité de la demande.

ART. 15. — Le tribunal commet, par le même jugement, la personne, la société de patronage ou la société charitable à laquelle est remise la garde de l'enfant.

ART. 16. — Les jugements rendus sont exécutoires par provision, nonobstant opposition ou appel.

CHAPITRE III. — *Maisons correctionnelles.*

ART. 17. — Les maisons correctionnelles sont des établissements publics. Elles peuvent être établies soit en France, soit en Algérie.

ART. 18. — Les jeunes détenus conduits dans les maisons correctionnelles y sont soumis à une discipline sévère, sous le régime en commun pendant le jour et sous celui de la séparation individuelle pendant la nuit.

Néanmoins, sur l'avis conforme de la commission de surveillance instituée conformément aux prescriptions de l'article suivant, ils peuvent être soumis, pendant les premiers mois de leur peine, au régime de la séparation individuelle de jour et de nuit, sans que la durée de ce régime puisse excéder une année.

Ils reçoivent l'instruction primaire ainsi qu'une éducation morale, religieuse et professionnelle.

Ils sont, selon leur origine, leurs antécédents, leurs aptitudes et leur avenir présumable, appliqués à un apprentissage industriel, agricole ou maritime.

ART. 19. — Il est établi auprès de toute maison correctionnelle de jeunes garçons une commission de surveillance et une commission permanente.

Les dispositions des articles 7 et 8 de la présente loi leur sont applicables.

Les dispositions de l'article 9 sont applicables aux commissions de surveillance établies auprès des maisons correctionnelles de jeunes filles.

ART 20. — Les jeunes détenus renvoyés dans les maisons correctionnelles peuvent obtenir, à titre d'épreuve et sous les conditions déterminées par le règlement d'administration publique prévu par l'article 27 de la présente loi, leur mise en liberté provisoire pendant le cours de leur détention.

Les autres dispositions de l'article 11 et celles des articles 12, 13, 14, 15 et 16 leur sont applicables.

ART. 21. — Les jeunes détenus déclarés insubordonnes subissent, à leur arrivée dans une maison correctionnelle, un emprisonnement individuel de trois mois.

La durée de cet emprisonnement pourra être abrégée ou prolongée par le préfet, sur la proposition du directeur et l'avis conforme de la commission de surveillance, mais elle ne sera jamais supérieure à une année.

Art. 22. — Les jeunes détenus placés dans les quartiers d'éducation correctionnelle, conformément aux articles 67 et 69 du Code pénal, sont élevés en commun et sont soumis aux règles prescrites par les articles 5 à 16 de la présente loi.

CHAPITRE IV. — *Dispositions générales.*

Art. 23. — Les commissions de surveillance des établissements affectés aux jeunes détenus peuvent faire directement au Ministre de l'intérieur des propositions de mises en liberté provisoire.

Elles sont tenues d'adresser chaque année un rapport au Ministre de l'intérieur et au Ministre de la justice sur la situation de ces établissements au 31 décembre précédent.

Art. 24. — Les maisons de réforme, les maisons correctionnelles et les quartiers d'éducation correctionnelle sont soumis à la surveillance du procureur général du ressort, qui est tenu de les visiter chaque année.

Art. 25. — Les établissements de jeunes garçons sont visités, au moins une fois chaque année, par un inspecteur général des établissements pénitentiaires.

Les établissements de jeunes filles sont également visités, au moins une fois chaque année, par une inspectrice générale.

Art. 26. — Un rapport général sur la situation de tous les établissements de jeunes détenus est présenté chaque année par le Ministre de l'intérieur aux Assemblées législatives.

Art. 27. — Un règlement d'administration publique déterminera :

1° Le regime intérieur et disciplinaire des établissements publics et privés destinés a la réforme et à la correction des jeunes détenus ;

2° Les conditions auxquelles les jeunes détenus pourront obtenir leur mise en liberté provisoire ;

3° Le mode de patronage des jeunes detenus après leur mise en liberté provisoire ;

4° Toutes les autres mesures nécessaires à l'exécution de la présente loi.

TABLE DES MATIÈRES.

Nancy, Imprimerie Berger-Levrault et Cⁱᵉ.

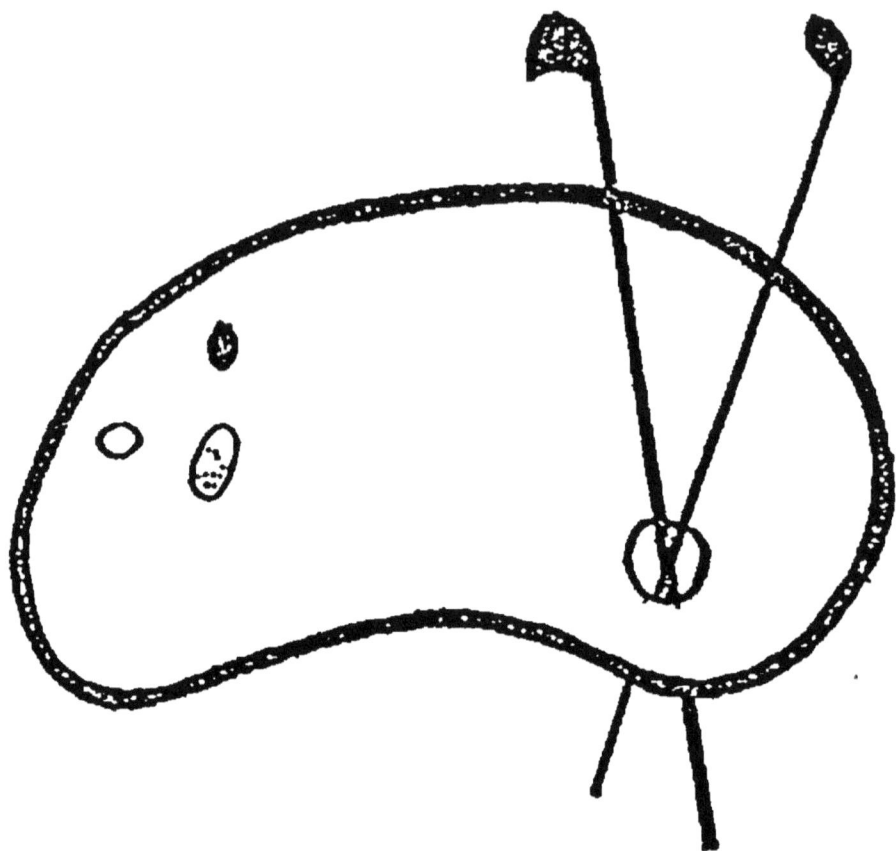

ORIGINAL EN COULEUR
NΓ Z 43-120-8

www.ingramcontent.com/pod-product-compliance
Lightning Source LLC
Chambersburg PA
CBHW071646200326
41519CB00012BA/2419